高速公路建设安全管理手册

第一册 管理要点

浙江交投交通建设管理有限公司 主编

人民交通出版社股份有限公司

北京

内 容 提 要

《高速公路建设安全管理手册》在充分总结梳理高速公路建设安全管理经验基础上,依据相关法律法规及标准规范编写而成,分为管理要点、标准化管理、特种设备和专用设备管理三册。本书为第一册,共分 11 章,内容包括安全管理总体思路、安全管理大纲编制要点、准入制管理要点、班组规范化管理要点、安全标准化管理要点、安全文化品牌建设管理要点、双重预防机制管理要点、常态化应急管理要点、安全费用精细化管理要点、数字化管理要点、"六助力"管理要点等。

本书可供高速公路建设安全管理人员、技术人员参考。

图书在版编目(CIP)数据

高速公路建设安全管理手册. 第一册,管理要点 / 浙江交投交通建设管理有限公司主编. — 北京 : 人民交通出版社股份有限公司, 2023.7

ISBN 978-7-114-18724-7

Ⅰ.①高… Ⅱ.①浙… Ⅲ.①高速公路—道路工程—安全生产—生产管理—手册 Ⅳ.①U412.36-62

中国国家版本馆 CIP 数据核字(2023)第 061671 号

Gaosu Gonglu Jianshe Anquan Guanli Shouce　Di-yi Ce　Guanli Yaodian

书　名:	高速公路建设安全管理手册　第一册　管理要点
著 作 者:	浙江交投交通建设管理有限公司
责任编辑:	丁　遥
责任校对:	孙国靖　卢　弦
责任印制:	张　凯
出版发行:	人民交通出版社股份有限公司
地　　址:	(100011)北京市朝阳区安定门外外馆斜街 3 号
网　　址:	http://www.ccpcl.com.cn
销售电话:	(010)59757973
总 经 销:	人民交通出版社股份有限公司发行部
经　　销:	各地新华书店
印　　刷:	北京市密东印刷有限公司
开　　本:	787×1092　1/16
印　　张:	5.75
字　　数:	125 千
版　　次:	2023 年 7 月　第 1 版
印　　次:	2023 年 7 月　第 1 次印刷
书　　号:	ISBN 978-7-114-18724-7
定　　价:	60.00 元

(有印刷、装订质量问题的图书,由本公司负责调换)

《高速公路建设安全管理手册 第一册 管理要点》

—— 审定委员会 ——

主　　任：梅敬松

副 主 任：陈继禹　金朝阳

委　　员：杨　洲　邱兴友　方明山　杨成安　李　群

　　　　　潘根东　任列平　吴波明　马必利　黄决革

　　　　　王剑琳　蒋　强　陈　翔

—— 编写委员会 ——

主　　编：伍建和

副 主 编：韩成功　薛温瑞　李　季　陈　磊

编写人员：王乾宏　俞腾翔　张天宇　张　伟　吴　博

　　　　　史森枭　李　勇　贾洪波　任宝刚　吕　洲

　　　　　王　霖　叶宁波　王　博

PREFACE 序

党的十九大报告提出建设交通强国,为我国交通工程建设发展指明了方向。"不以规矩,不能成方圆",说明自古以来标准和规则都是社会发展的基本要求。在公路行业蓬勃发展的热潮中,浙江省在高速公路建设安全标准化工作中逐渐摸索出一条自己的道路。

浙江省第一条高速公路——沪杭甬高速公路于1992年开工,意味着浙江省高速公路建设迈出了第一步,高速公路建设安全标准化工作也一并启动。随着杭金衢、金丽温等多条高速公路主骨架路段开始建设,高速公路建设管理力度逐步加大,地方支持保障力度逐步加强,各级交通运输主管部门陆续出台了安全标准化管理的相关政策,参建单位也狠抓安全标准化、制度化建设。2017年,全国公路水路品质工程现场推进会在乐清湾跨海大桥召开,浙江交投交通建设管理有限公司(以下简称"浙交建设")顺势出台了全省首个《安全管理大纲》,标志着浙江省高速公路建设正式进入标准化、制度化的发展层面。

为推动浙江省高速公路建设高质量发展,促进高速公路建设标准化管理,提升安全管理水平,树立行业文明施工形象,浙交建设总结提炼乐清湾跨海大桥、宁波舟山港主通道、杭绍甬高速公路杭绍段、杭甬复线一期等项目的安全标准化工作创新和实践,组织编制了《高速公路建设安全管理手册》(以下简称《手册》)。

《手册》共分为三册，汇集了浙交建设推进高速公路建设安全标准化、创建"平安百年品质工程"的有益尝试和感受体会，内容丰富，案例翔实，既有关键技术的创新突破，也有实践经验的提炼总结，具有很强的针对性和学习借鉴价值，为浙江省高速公路建设提供了安全标准化管理思路。

加快建设交通强国，实现交通建设的高质量发展，需要我们学习互鉴、共同提高。《手册》具有一定的适用性、专业性、可读性，希望广大同业者能与我们广泛交流，共同守正创新，提升安全管理水平，让安全标准化管理在交通建设领域持续焕发勃勃生机，奋楫续写新时代建设交通强国新荣光。

FOREWORD 前言

20世纪70年代末以来,我国高速公路从无到有,经历了1978年至1988年的起步阶段、1989年至1997年的稳步发展阶段、1998年至2007年的加快发展阶段、2008年至2015年的跨越式发展阶段以及2016年以来的全面规范和高质量发展阶段。到2022年底,全国高速公路里程已达到17.73万公里。随着我国高速公路建设规模不断扩大,建设速度不断加快,工程质量不断提高,安全管理水平与现代化高速公路建设要求不适应、不协调的问题也日益突出。近年来,行业内偶有发生的重大乃至特别重大事故,也暴露出项目安全管理中存在的漏洞和短板。

编者认为,破解难题要从"头"开始。现代化高速公路建设要紧抓安全管理前期规划,在项目前期明确安全管理职责,分析安全管理的难点、痛点,提出安全管理的具体举措,从"人、机、环、管理"系统策划高速公路建设安全管理方案,为项目建设安全管理工作落地奠定基础。

本书依托大量实体工程,从构建安全管理总体思路出发,总结了诸多安全标准化管理的先进理念和经验,梳理了安全管理大纲编制、准入制管理、班组规范化管理、安全标准化管理等10项要点,从管理行为规范化、安全生产标准化、应急保障常态化、后台管控智能化、安全文化品牌化入手,为读者系统策划高速公路建设安全管理体系提出思路,全方位、多角度展现"标准化"理念体系的平台、架构和布局。

由于编写时间仓促,书中难免存在不足之处,敬请读者批评指正。

CONTENTS 目录

1 安全管理总体思路

1.1 总体思路 …………………………………………………………………… 2
1.2 安全理念 …………………………………………………………………… 2
1.3 安全目标 …………………………………………………………………… 4

2 安全管理大纲编制要点

2.1 管理要点 …………………………………………………………………… 6
2.2 实施步骤 …………………………………………………………………… 6
2.3 主要内容 …………………………………………………………………… 7
2.4 实施要求 …………………………………………………………………… 8

3 准入制管理要点

3.1 管理要点 …………………………………………………………………… 10
3.2 人员准入 …………………………………………………………………… 10
3.3 特种设备准入制 …………………………………………………………… 12
3.4 安全生产条件核查 ………………………………………………………… 12

4 班组规范化管理要点

    4.1 管理要点 ······ 16

    4.2 实现从"场"到"厂"的转变 ······ 16

    4.3 班组管理规范化 ······ 17

    4.4 班组作业标准化具体举措 ······ 19

5 安全标准化管理要点

    5.1 管理要点 ······ 30

    5.2 安全标准化主要举措 ······ 30

6 安全文化品牌建设管理要点

    6.1 管理要点 ······ 34

    6.2 搭建安全交流平台 ······ 34

    6.3 建立"一站式"安全教育培训模式 ······ 35

    6.4 设立"交警式"安全管理队伍 ······ 35

    6.5 推行安全亲情教育 ······ 35

    6.6 开展安全"晾晒比拼" ······ 36

    6.7 建立差异化管理机制 ······ 36

7 双重预防机制管理要点

    7.1 管理要点 ······ 40

    7.2 双重预防机制 ······ 40

    7.3 重大安全风险挂牌督办 ······ 42

    7.4 危大工程作业许可制 ······ 43

8 常态化应急管理要点

8.1 管理要点 …………………………………………………… 46
8.2 应急体系 …………………………………………………… 46
8.3 应急处置卡 ………………………………………………… 48
8.4 防台工作 …………………………………………………… 49
8.5 安置点管理 ………………………………………………… 56
8.6 灾后整顿 …………………………………………………… 61
8.7 复工复产 …………………………………………………… 61
8.8 信息报送 …………………………………………………… 63

9 安全费用精细化管理要点

9.1 管理要点 …………………………………………………… 66
9.2 安全生产费用提取 ………………………………………… 66
9.3 安全生产费用使用管理 …………………………………… 67
9.4 安全生产费用计量管理 …………………………………… 67
9.5 安全生产费用监督管理 …………………………………… 68

10 数字化管理要点

10.1 管理要点 ………………………………………………… 72
10.2 安全数字化系统 ………………………………………… 72
10.3 物联网设备 ……………………………………………… 73

11 "六助力"管理要点

11.1 管理要点 ………………………………………………… 76
11.2 综合安全顾问 …………………………………………… 76
11.3 设备安全顾问 …………………………………………… 77

11.4 工程保险顾问 ………………………………………………… 77
11.5 管网防护顾问 ………………………………………………… 78
11.6 交通组织顾问 ………………………………………………… 78
11.7 电力安全顾问 ………………………………………………… 78

安全管理总体思路

高速公路建设安全管理手册

1.1 总体思路

高速公路建设项目一般点多线长,构筑物繁多,施工环境复杂,参与人员和设备众多,工人素质参差不齐。项目安全管理工作内容包罗万象,错综复杂,需要对人员和设备的进场、日常管理、作业行为以及现场安全生产条件、专项方案落实、隐患排查治理、安全投入等方方面面进行管理,是一项庞大的系统工程。

"不谋万世者,不足谋一时;不谋全局者,不足谋一域。"项目开工之前,建设单位应联合设计、勘察等单位,科学规划项目建设安全管理的顶层设计,以系统工程的思维统筹考虑人员、设备、工艺、程序、投入、标准化等诸多安全生产因素,深入剖析它们之间的内在联系,科学辨识存在的安全风险,提出系统的安全管控措施,在最高层次上寻求问题的解决之道,构建系统化的顶层设计。

1.2 安全理念

"顶层设计"不是闭门造车,不是"拍脑袋"拍出来的。"顶层设计"是以问题为导向,应对来自基层的强大发展冲动。针对高速公路项目建设的安全管理问题,通过顶层设计、顶层推进、顶层监督,深入谋划项目安全管理体系,贯彻"三抓""三真""三精""六助力"等管理理念与方法,推行"三集中四控制"和"五化"管理模式,严格落实三大专项标准化(通道设置标准化、安全标志标牌标准化、安全防护标准化)要求,执行班组作业标准化,落实"工点工厂化"和"6S"(整理、整顿、清扫、清洁、素养、安全)管理,从顶层打造系统的安全风险防范体系。

1.2.1 三抓

三抓即抓监理、抓班组、抓落实的管理理念。

抓监理:监理队伍是管好现场的关键,是建设单位管理力量的重要组成部分。要重点抓好监理,加强监理人员素质、工作落实情况等的监管,通过强化监理管理推动项目建设安全管理。项目建设单位检查发现重大安全管理问题时,应重点追究监理的管理责任。

抓班组:班组是工程建设的直接操作者、最基层生产组织,应督促监理与施工单位共同抓好班组作业标准化,提升班组的安全意识和安全技能,建设单位、监理单位、施工单位三方齐抓共管班组建设,筑牢安全生产的最后一道防线。

抓落实:安全生产工作的核心是落实。参建单位在安全生产工作上应求真务实,抓实抓细,抓出实效。只有安全管理工作真正落到实处,安全管理体系才能发挥事故预防的作用,才能确保工程建设顺利完成。

1.2.2　三真

三真即贯彻认真、较真、顶真工作的态度。

认真,即脚踏实地、持之以恒,做到科学严谨、精细准确。认真的工作态度确保安全生产工作全覆盖。

较真,即严字当头、一丝不苟,把好安全关、责任关。较真的工作作风确保安全生产措施落到实处。

顶真,即追求极致、匠心独具,以创新思维不懈追求更好。顶真的工作要求确保安全生产体系持续高质量更新。

1.2.3　三精

三精即精进管理、精工建造、精益求精的工程理念。

精进管理:提高专业化管理水平,强化过程管控,聚焦建设方案总体策划、分包模式规范化、数字化技术应用、集约化生产组织等问题,建立"实施有标准、操作有程序、过程有控制、结果有考核"的安全管理体系。

精工建造:以落实硬件设施标准化和安全行为标准化为目标,聚焦标准化施工管理,落实机器换人、班组规范化管理、标准工厂化管理、产业工人培养、"四新"技术应用等问题,提高工程建设制造水平,降低安全风险。

精益求精:以培育工匠精神为目标,以精细化管理为导向,推行管理交底、专项治理、集中攻关、微创新、安全防护标准化等安全管理手段,激发施工管理人员与班组的安全创新动力,提升安全管理精细化水平。

1.2.4　六助力

根据项目实际情况,可以引进各类专业的第三方服务单位,加强项目安全管理专业力量,提升安全管理能力。如引进综合安全顾问、特种设备安全顾问、交通组织顾问、工程保险顾问、电力安全顾问、管网防护顾问等专业的安全服务单位。

1.2.5　三集中四控制

三集中:推进钢筋集中加工、构件集中预制、混凝土集中拌和,改户外散乱分散的外"场"施工为集中的工"厂"化作业,减少现场作业人数、户外作业时间及野外作业工序,从源头上降低项目建设安全风险。

四控制:在"方案、工艺、材料、设备"四方面同时加强控制,按照"采办务真,修制务精"理念,提高实体工程质量和安全管理能力。管理的关键在于方案是否执行、工艺是否安全、材料是否合格、设备是否满足安全要求,强化这四方面的管控,可以有效预防安全事故的发生。

1.2.6 五化

五化即管理行为规范化、安全生产标准化、现场管控数字化、应急保障常态化、安全文化品牌化。

管理行为规范化。以创建"平安工程""品质工程"为导向,统筹项目顶层设计,建立健全安全管理制度体系,统一安全管理流程,明确安全管理大纲编制、安全费用计量、安全生产条件和人员、设备、作业准入等要求,通过考核、奖惩、激励等管理手段,规范安全管理行为,督促各级安全责任落实,让安全管理更加有规可循、有规可依。

安全生产标准化。安全生产标准化是一项基础性、长期性、根本性的工作,是落实企业主体责任、建立安全生产长效机制的有效途径。以班组作业标准化为抓手,落实"工点工厂化"和"6S"管理,建立班组"首件认可制""清退制",规范班组作业行为。以施工安全标准化为指引,全面贯彻"专业化设计、装配化施工、模块化安装"的理念,大力推进"通道设置标准化""安全标志标牌标准化""安全防护标准化"三大专项标准化,提升施工现场本质安全水平。

现场管控数字化。全面推进高速公路建设安全数字化管理平台建设,探索 AI(人工智能)和物联网智能预警预报应用,构建"线上+线下"一体化、关键指标全过程监控、风险动态全过程管控的安全监管体系,实现"数字化管理、可视化监管、指尖化生产",为安全管理减负增效。

应急保障常态化。建立完善的应急体系,制定科学的应急预案,开展定期的应急演练,储备充足的应急物资;全面推广应急处置卡,创新无脚本应急演练,做好突发事件的标准化应对流程设计,转应急管理为常态化管理,用常态化机制应对突发事件,确保应急管理高效有序。

安全文化品牌化。倡导"文化助安"理念,按照"以人为本、互相尊重、合作共享、全员参与"的宗旨开展安全文化建设,将安全文化建设和安全理念贯穿项目建设全过程,通过打造"一站式"安全教育培训模式,举行安全管理大讲堂、推行"师带徒"、组织现场会和安全技能比武、开展安全"五小创新"等一系列活动,打造特色安全文化品牌,全面提高人员安全素养、安全创新能力和现场标准化水平。

1.3 安全目标

(1)不发生"人员死亡、经济损失"的安全生产责任事故,不发生职业健康事故。
(2)打造高素质产业工人,形成有理想守信念、懂技术会创新、敢担当讲奉献的产业工人队伍。
(3)建立完善的安全管理体系,隐患限时整改率达到100%。
(4)实现安全数字化高效管理,安全线上管理实施率达90%以上。
(5)确立争优目标,如获得全国公路水运建设项目"平安工程"冠名。

2 安全管理大纲编制要点

安全管理大纲是落实安全生产顶层设计的重要举措，是项目建设安全管理的全局性谋划，对统一参建各方的安全管理思路、规范项目建设安全管理工作、推进安全管理举措落地具有重要指导意义。

2.1 管理要点

建设单位应在项目开工前组织力量编制安全管理大纲，深入谋划安全管理目标、安全管理职责、安全管理制度、安全管理手段、安全创新工作、重大风险安全管理举措等内容，经过专家评审后作为项目建设安全管理工作的指导手册。做好安全管理大纲的交底和落实监督，定期对大纲实施情况进行自查和考核，强力推进大纲向管理工作实践的转变。

2.2 实施步骤

2.2.1 开展时机

建设单位宜在工可批复后组织开展安全管理大纲编制相关工作，并应在工程开工前完成审查和签发。

2.2.2 组织机构

建设单位负责牵头组织安全管理大纲编制相关工作，可由安全管理部门具体组织实施，其他各业务部门积极配合。

2.2.3 编制过程

建设单位应牵头成立安全管理大纲编制小组，具体负责编制工作。编制小组应涵盖工可、设计、勘察等相关人员，并应经现场踏勘、小组研讨和必要的专家咨询后，形成安全管理大纲征求意见稿。

2.2.4 委托实施

可以根据本单位实际情况，委托第三方服务单位开展安全管理大纲的编制。该单位应具有较丰富的项目安全管理相关业绩,宜具有公路工程咨询、评价、设计等相关资质。编制小组负责人应满足具有 10 年及以上交通工程建设或咨询工作经验、高级及以上职称、注册安全工程师或安全评价师职业资格等要求。

2.2.5　专家审查

建设单位应牵头组织安全管理大纲专家审查会。专家应不少于 5 位,专家组成员应具有高级及以上职称,从事桥梁、隧道、安全等相关专业工作,具有交通工程建设项目管理或行业监管经验。

2.3　主要内容

2.3.1　体例格式

安全管理大纲封面应注明"××项目安全管理大纲"、编制单位和编制日期。扉页后应附编制单位相关资质页、编制小组信息页。编制小组信息包括成员签字、专业、职称、职业资格等。

2.3.2　章节设置

(1)编制概况。主要表述项目基本信息、编制目的、编制依据、编制过程等内容。

(2)项目概况。主要表述项目位置、线路走向、主要设计参数、地质条件、气象条件、主要构造物、施工外界环境等信息。

(3)施工安全风险分析。主要分析项目桥梁工程、隧道工程、路堑高边坡工程、两区三厂、边通车边施工、涉路施工、缺陷责任期修复等施工作业活动面临的政策、施工、应急等方面的风险。

(4)安全管理思路。明确项目安全管理目标、安全管理机构、安全管理主要思路和具体的实施路径。

(5)招标阶段安全管理。根据项目风险分布及安全管理重难点情况,研究提出安全管理人员配置、安全生产标准化、应急管理、安全奖项参评、班组规范化管理、关键设备管理、专项施工方案管理、涉路施工许可办理、信息化等安全生产工作方面的招标文件要求。

(6)施工阶段安全管理。本着有效预控现场风险、防止出现重大事故隐患的原则,研究提出全员安全生产责任制、专项施工方案管理、安全生产网格化管理、安全文化建设、安全生产费用等基础安全管理的具体要求;研究提出桥梁工程、隧道工程、路堑高边坡工程、深基坑工程、两区三厂、涉路施工、涉管线施工等施工作业活动在安全生产现场防护、关键设备管理、安全生产信息化、应急管理等现场作业方面的具体管理要求。

（7）缺陷责任期安全管理。结合地方环境特点和属地常见质量病害情况，研判可能出现的作业类型，并有针对性地提出智能设备及定型设备配置、边通车边施工、现场安全防护等方面的具体管理要求。

（8）安全奖励申报。根据项目施工重难点、安全管理特点，总结提炼安全管理亮点，提出不同阶段的安全奖励申报计划。

（9）附件。按招标阶段、施工阶段和缺陷责任期三个阶段编制安全管理工作计划表，涵盖主要工作内容、主责单位、预期目标等。附件还包括调研收集的其他相关资料。

2.4 实施要求

2.4.1 备案程序

安全管理大纲经专家审查通过并修改完善后，由建设单位正式发布实施。

2.4.2 具体要求

各参建单位应严格按照项目安全管理大纲要求，开展招标阶段、施工阶段和缺陷责任期三阶段的安全生产相关工作并实现预期管理目标。建设单位应将安全管理大纲实施情况纳入日常安全检查和安全考核。

3 准入制管理要点

安全管理包括事前、事中和事后管理,把好人员、设备入场关,做好安全生产条件核查,将安全管理工作关口前移,将隐患排除在正式施工之前,是做好事故防范源头管理的关键。

3.1 管理要点

参建各方应建立安全准入制管理机制,建设单位应在项目招标阶段明确安全专监、安全总监、安全负责人等安全管理人员的任职要求,在项目开工前对安全管理队伍进行准入制核查;施工单位应在工人进场前对工人上岗资格进行审核,确保安全岗位关键人员和工人满足项目建设安全生产要求。全面推行特种设备选型、进场、保养、作业、检查、退场过程的全周期管理,确保特种设备管理"7个100%"落实到位。明确工程开工安全条件核查要点,确保新开工工点安全生产条件符合要求。

3.2 人员准入

3.2.1 建设单位安全管理人员准入要求

(1)建设单位专职安全管理人员应具有1个及以上高速公路建设项目安全管理工作经验及相关安全资格证书。

(2)采用新技术、新工艺、新材料、新设备或风险因素多、施工难度大的工程项目,应增加专职安全管理人员数量,并要求其具备相应工程施工经验,如具备大型桥梁、特长隧道、改扩建等相关项目安全管理经验。

3.2.2 监理单位安全管理人员准入要求

(1)监理单位应按照招标文件配置相应数量的专职安全管理人员,其中安全监理工程师应持监理工程师证,安全监理员应取得安全生产培训证书。

(2)安全监理工程师应具有专科及以上学历、工程师及以上专业技术职称,从事5年及以上高速公路项目建设管理工作,具有不少于3个高速公路项目建设安全管理经验,其中1个应为大型桥梁、特长隧道、改扩建等相关项目,优先选用国家注册安全工程师。

(3)安全监理工程师及安全监理员上岗前应由建设单位进行适岗笔试及面试,考核合格后方可上岗。

（4）安全监理工程师及安全监理员应在开工前配备到位，名单以文件形式报建设单位审查。

3.2.3　施工单位安全管理人员准入要求

（1）施工单位应按照国家、地方主管部门相关规定配备足够数量的专职安全管理人员。

（2）所有专职安全管理人员必须具有大专及以上学历，具有公路工程项目施工安全管理经验，取得交通运输主管部门核发的公路工程施工企业专职安全生产管理人员安全生产考核合格证书（C类），其中房建工程专职安全员应具有住建主管部门核发的安全生产考核合格证书。

（3）鼓励施工单位设置安全总监岗，列入施工单位领导班子。安全总监作为施工单位安全生产第一责任人外的专职安全负责人，其工作应具有独立性、权威性，并享有安全生产一票否决权。

（4）安全总监应具备中级及以上专业技术职称，取得安全管理"三类人员"证书，从事5年及以上高速公路项目建设安全管理工作，具有至少2个大型高速公路项目建设安全管理经验，其中1个应为大型桥梁、特长隧道、改扩建等相关项目，优先选用国家注册安全工程师。

（5）安全部门负责人应具有大专及以上学历，取得安全管理"三类人员"证书，从事3年及以上工程项目管理或安全管理工作，具有1个及以上高速公路项目安全管理经验，优先选用国家注册安全工程师。

（6）安全总监、安全部门负责人及专职安全管理人员上岗前由建设单位进行适岗笔试及面试，考核合格后方可上岗。

（7）以班组（工点）为单位配备安全协管员，协助专职安全管理人员落实施工现场安全管理，切实落实施工现场各项安全整改措施。该人员应具有高中及以上学历，5年以上项目建设管理经验，熟悉现场作业工序和安全操作规程，具有较强的工作责任心。

3.2.4　作业人员准入要求

（1）作业人员（不包括后勤人员）应在60周岁以下，进场前应提供体检报告，无重大疾病且满足相应工序施工的健康要求。

（2）作业人员进场后应进行三级安全教育培训和实名制登记，接受安全技术交底，签订岗位危险告知书、安全生产责任书、安全承诺书，领取安全帽、工作服及其他作业需要的安全防护用品，通过考核后才能正式上岗。

（3）特种作业人员、特种设备操作人员应提供有效的资格证书，由监理单位在人员进场前进行审批。

3.3 特种设备准入制

（1）建立临租设备库，提前收集相应证书和关键部位照片，并对设备进行提前核查、提前验收，施工单位所有临租机械设备应从临租设备库调取，经监理审批后入场。针对架桥机、挂篮、移动模架、液压爬模等大型专用设备，建设单位应组织设备专家和监理单位、施工单位的安全、技术人员到设备上游地、厂家等地进行安全技术核查，确认设备安全性能和使用状态。

（2）设备进场前应按照法律法规要求开展特种设备法定检测，按规定办理使用登记证，并对汽车起重机、液压爬模、移动模架、挂篮等危险性较大的设备或大型专用设备进行委托检测。

（3）施工升降机、塔式起重机、架桥机、桥面吊机、大型门式起重机（100t及以上）等大型设备进场前应经设备专家的性能核验，对使用年限在3年（含）以上5年以下的应做结构无损探伤，5年（含）以上的应做整体安全评估，使用时间以出厂日期为准；探伤不合格、评估不达标的设备严禁使用；在使用过程中达到上述使用年限的也应做结构探伤或安全评估。

（4）特种设备在投入使用前应向设区的市特种设备安全监督管理部门办理登记，严禁选用无委托检验合格证的汽车起重机、桥面吊机等大型专用设备。选用的门式起重机应至少安装2套独立的防风锚固系统，安装红外线感应防碰撞装置及电动夹轨器，在塔式起重机、架桥机等大型设备上安装安全监控预警系统。

（5）实行特种设备进场和日常使用维修保养资料完整率100%、设备证书符合率100%、设备操作工持证率100%、设备安拆方案编审率100%、设备信息公示牌标准化率100%、重大设备安全隐患控制率100%、设备安全监控预警系统安装率100%等"7个100%"控制，实现特种（专用）设备全寿命周期管控。

3.4 安全生产条件核查

（1）建设单位应对监理单位进行安全生产条件核查。核查的主要内容包括：安全监理管理制度报批情况，安全组织机构、管理机构报批情况，安全监理人员到位和持证情况，安全监理计划、安全监理细则报批情况等。

（2）工程项目开工前，监理单位应对施工单位进行现场安全生产条件核查。核查的主要内容包括：安全管理制度及操作规程报批情况，安全组织机构、管理机构报批情况，安全管理人员到位和持证情况，施工组织设计中安全技术措施和施工现场临时用电方案编制审批情况,危险性较大工程专项施工方案编制计划报批情况,安全生产费用清单报批情况等。建设单位应对施工单位安全生产条件进行抽查。

(3)分项工程开工前,监理单位应对施工单位开展分项工程现场安全生产条件核查,提出核查意见,见表3-1。分项工程安全生产条件核查的主要内容包括:专项施工方案编制审批情况、特种作业人员持证情况、特种设备检测情况、其他机械设备验收情况、施工作业人员岗位教育培训情况、安全技术交底情况、施工现场安全生产措施落实情况、临时用电设置情况、劳动防护用品配备情况等。分项工程安全生产条件核查合格后,监理单位方可签发分项工程开工报告。

工点开工前安全生产条件核查表　　　　　　表 3-1

单位名称		分项工程名称	
作业区域		计划工期	
班组数量		班组名称	
班组人数		班组长	
监理员		安全员	
巡查员		技术员	
检查内容			检查情况
班组人员进场前是否经过体检且身体健康			
全员是否接受三级安全教育、安全技术交底			
特种作业人员是否全部持证			
是否合理设置专职人员(交通协管员、电力保护安全专管员等)			
全员是否正确穿戴劳保用品			
特种及专用设备是否建立"一机一档"			
特种设备证书是否齐全有效			
特种及专用设备安拆前是否编制方案			
设备是否张贴信息公示牌			
现场是否按照工点工厂化要求布置(提供工点工厂化布置图)			
现场施工环境是否符合"6S"管理要求			
安全标志标牌是否按照标准化图册要求设置			
安全防护设施是否按照要求设置			
通道是否按照要求设置、验收并挂设通道验收牌			
临时用电是否按方案布设、未私接乱拉;配电箱是否上锁且落实"网格化"管理人员			
消防器材配备是否齐全、有效且落实"网格化"管理人员			
危化品、压力容器管控措施是否到位			
项目部自查意见	签名:　　　　　　　　　　　　　　年　　　月　　　日		
监理单位核查意见	签名:　　　　　　　　　　　　　　年　　　月　　　日		

4 班组规范化管理要点

高速公路建设安全管理手册

高速公路建设项目普遍存在施工现场不规范、班组施工水平参差不齐、工人对安全技术规范了解不全面、农民工向产业工人转变难、施工企业软肋"以包代管"等系列问题，其中"人"的因素是安全管理的核心和最大难点，而班组作业标准化是有效解决手段。

4.1 管理要点

以班组作业标准化为重要抓手，将班组"首件认可制"作为班组准入条件，通过"试点、树标杆"方式开展班组作业标准化建设活动，通过活动开展改善作业人员生产环境，规范作业人员生产行为，使项目安全文化向基层人员渗透，提高全员安全意识和综合素质，激发其自我安全管理的意识，实现工点工厂化、工人产业化，形成夯实项目基层安全管理的长效机制。

4.2 实现从"场"到"厂"的转变

以"减少分散作业量、减少野外工序、减少传统施工；改分散施工为集中施工、改野外施工为室内施工、改传统施工为工厂化流水线施工"为原则，开展设计工作、建设方案策划，提高工厂化覆盖率；划分大标段，临建费用集中使用，提高标段工程量，为推进大型设备投入奠定数量基础。

4.2.1 提高工厂化覆盖率

应结合工程特点、施工条件，因地制宜提升混凝土预制构件（包括小型预制构件）工厂化生产覆盖率，现浇工程（包括隧道及小型构造物）中的桩基、墩柱、盖梁等钢筋成品使用覆盖率，实现项目建设从"场"到"厂"的转变。

4.2.2 实施临建专项管理

在招标文件中明确"三厂一驻地"规模数量、建设标准、污水和粉尘处理环保标准、采用大型化和智能化施工设备等要求；要求施工单位对临建设施进行专项设计，严格按照建设单位"先方案审批后实施、先工艺审批后操作"的原则执行；临建设施建成后，由建设单位验收通过后方能投入使用。

4.2.3　实行标准化工厂生产

施工前严把原材料进厂准入制,过程中执行工序验收标准挂牌制、工序交接零误差,工后落实产品验收标识与"出厂合格证"制度。对钢筋、小型构件等半成品实行统一仓储配送的超市化管理;对混凝土温度、配合比及搅拌时间实时远程监控;严格落实"工点工厂化"和"6S"管理。

4.3　班组管理规范化

建立"实施有标准、操作有程序、过程有控制、结果有考核"的班组标准化管理体系,并运用"PDCA(全面质量管理)法"对活动实施内容进行持续改进,实现班组作业标准化管理。

4.3.1　标准化场地建设

因地制宜做好整体规划,进行场地硬化和划片分区,精心设置标志牌,加强安全氛围营造,落实宣传栏、工人学校、班前讲台、业余活动室、班组亲情墙、应急物资储备室等。

4.3.2　班组防护标准化

制定通道设置标准化、安全标志标牌标准化和安全防护标准化的三个专项标准化管理细则,全面推广定型化、装配式通道专项设计与验收,统一规范全线安全标志标牌与高空作业、跨路施工等区域的安全防护措施,提高对班组作业的安全保障能力。

4.3.3　班组"网格化"管理

按照"管理方便、界定清晰、责任明确"的原则,对全线各分部分项工程按工序不同进行班组划分,每个班组单独设立班组长、班组巡查员、分管技术员、分管安全员和监理员,明确班组"五大员"管理职责,如图4-1所示。建立建设单位-监理单位-施工单位-工区-班组(工点)的五级管理制度,如图4-2所示。

4.3.4　落实班组"首件认可制"与"清退制"

班组施工作业水平决定质量与安全的品质,要求班组进行首件生产,从安全操作、工艺技能操作等方面进行评判,不合格则重新进行首件生产,3次不合格则清退班组。

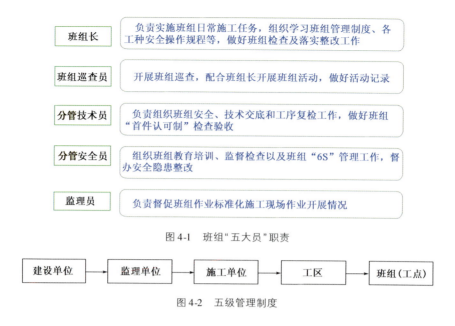

图 4-1 班组"五大员"职责

图 4-2 五级管理制度

4.3.5 班组日常标准化

推行"工点工厂化"理念，施工单位每月部署班组管理工作内容及重点，实行班组"6S"管理：整理（要与不要、一留一弃），整顿（物有其所、物归其所），清扫（源头治理、干净整洁），清洁（规范统一、一目了然），素养（长期坚持、养成习惯），安全（以人为本、防微杜渐），以及"6步走"日循环管理：整理着装-班前教育-开工检查-班中巡查-场地清理-班后总结。安全员记录班组日常活动，班组周例会形成班组安全管理台账，严格执行"交接班"制度。

4.3.6 管理队伍培养

明确活动目的、内容和标准，建立以建设单位-监理单位-施工单位-工区-班组（工点）五级管理员为核心的班组管理队伍，每月组织班组管理队伍进行培训教育，增强安全生产责任意识和管理能力，规范统一班组作业标准化管理标准。

4.3.7 作业行为规范

为有效减少人的不安全行为，控制人为失误造成的危险，施工单位根据实际情况制定并完善覆盖项目各工种的安全操作规程、作业危险源安全提示卡，并在班前会上以抽查提问方式进行教育，用于规范作业人员的操作行为和危险源告知。

4.3.8 考核评比

以班组安全台账和现场管理效果为中心，以日常巡查和月度考核结果作为评比依据，将考核成绩与班组和个人的选拔任用及资金奖励挂钩并及时兑现，运用激励手段充分调动每一位建设者的积极性和创造力,落实施工单位月度考核、监理单位复查推荐、建设单位核查通报的考评机制。

4.3.9　培养产业工匠

对班组工人实行"鼓励创新、正向激励、人文关怀"三结合管理,并倡导"工艺微改进、设备微改造、工法微改良"的"三微改",推动农民工向产业工人转变。

(1)鼓励创新,倡导"三微改"。以解决现场施工具体问题为导向,激励引导工人进行"微创新",助推"品质工程""平安工程"创建。

(2)正向激励,提高工人获得感。组织班组立功竞赛、工人技能比武,为班组、工人切磋技术、争夺荣誉奖励搭建平台。每旬检查、每月考评、每季评比"最美班组"与"最美工人",表彰公示获奖人员,制作"最美工人"画册,制作喜报并邮寄到获奖人员所在的村委(社区),提高工人荣誉感。

(3)专项活动,促进安全生产。通过开展交叉检查、组织现场会与技能比武等形式,组织各参建单位考察优秀标段,树立标杆、打造典型、复制推广,发挥示范带动效应,为班组、工人提供相互借鉴、取长补短的机会。开展"质量安全隐患随手拍""质量安全模范评选""质量安全红黑榜"等活动,发动全体工人争当质量安全监督员,共同查找、消除质量安全隐患,促进安全生产。

(4)人文关怀,共建安全家园文化。建立工人分级培训体系,开设工友学堂,组织班组作业标准化管理教育与巡回交流,分级分类开展职业技能培训,提升工人专业技能。定期为一线作业人员开展心理咨询活动,及时疏导员工逆反心理。深入开展职工之家建设,改善工人住宿环境,举办职工集体生日与联合运动会、趣味运动会、节日联欢晚会等活动,为工人开展"平安返乡返岗、送火车订票服务"活动,共建家园文化。

4.4　班组作业标准化具体举措

4.4.1　班组层面具体举措

(1)"紧箍咒":安全、质量、标准化等知识天天灌输,隐患、问题排查及整理工作常抓不懈,积极推行班组"6步走"工作,将班组作业标准化管理贯穿整个施工过程。

(2)"金钟罩":加强安全教育培训及现场安全防护措施落实,做到安全教育培训无遗漏,现场安全防护无死角。

(3)"一纸阐":将相关安全、质量、标准化等标准规范明了化、通俗化,使一线作业人员易于接受、理解,在施工中更好地执行。

(4)班组管理制度。

①建立用工制度。进场的工人选用具有3年及以上工龄的优秀工人,加大安全、质量、标准化等方面的教育培训,进一步提高个人素质和现场执行力。对于优秀的工人则每人每天给予10~20元的奖励,确保队伍稳定和工人积极性。

②班组内部实行半军事化管理。早班点名要正规,"立正、稍息、向右看齐"声音要响亮,内部有口号(我们的口号是"不怕苦、不怕累、加班加点坚决完成任务")。宿舍要求叠被子,个人物品都要摆放整齐,提高工人的执行力,增强服从意识,这样在工作中才能做到令行禁止。

③每天坚持碰头会和现场纠偏工作。每天坚持召开班前会,布置当天主要工作及安全、质量、标准化、个人劳动防护等有关工作。现场施工中班组长要以身作则,每天坚持巡查,指导工人如何干活,干到什么程度,哪些事没有做好,存在什么隐患等,做好现场拍照取证,并督促整改到位。

④出台奖罚制度。在进度上按实际完成情况给予奖罚。监理报验一次性通过的,给予奖励;经整改一次后通过的,不予处罚;第二次整改后依旧没通过验收的,需给予处罚。施工单位应制定相关的奖惩制度。

⑤班组人员和谐文化。全体班组长、小组长、员工之间要做到"五同"——同工作、同分配、同乐、同吃、同住,要与自己的员工融为一体,了解员工的思想状态,站在员工的立场上考虑和解决问题,在团队内要营造一种团结和谐的氛围,保证各项施工任务能顺利实施。

4.4.2 施工单位层面具体举措

(1)统一思想,加大宣传培训和交流谈心工作力度。组织全体参建人员参加培训宣贯活动,真正从意识上接受班组作业标准化管理的理念,发挥项目管理层、一线班组的工作主动性;对于一线作业人员,要通过进场安全教育培训、安全技术交底,过程中不断灌输安全、质量、标准化知识,提高作业人员安全、标准化意识,养成良好的施工习惯,有条不紊地完成各项施工任务;有针对性地对不理解的管理人员、不配合的作业班组或有逆反心理的人员,小范围开展谈心、心理疏导等活动,打消其顾虑,转变其固有观念,真正统一思想。

(2)强化过程考核,严格落实奖罚措施。依照建设单位班组作业标准化管理要求,制定施工单位班组标准化检查考核管理办法,通过加大考核频率、增加奖金额度、扩大考核范围等措施,将一线作业人员纳入考核当中,从安全、质量、标准化、进度等方面开展考核活动,调动所有人员的参与积极性,利用经济杠杆,形成有劳有得、不作为就处罚的氛围,促使参建人员提高思想意识。

(3)成立督查小组,确保活动取得实效。施工单位专门成立"安全、质量、标准化工作督查小组",加强督查,落实奖罚,促进整改。通过班组的自行管理和分部、厂站的二级执行管控以及项目"督查小组"的督促检查和奖罚,定期通报奖优罚劣文件,使整个施工管理有序推进,使项目经理、总工从以往的现场琐事中解脱出来,有更多的精力思考和落实整个项目的节点计划、重点目标和工艺、方案的优化,有更多的时间来考虑项目设备、人员的配备和调整以及技术改造升级,从而使项目的成本控制和均衡生产达到最佳效果。

(4)加强过程管控,严格优胜劣汰。对于无法适应项目管理氛围的管理人员,通过公司协调予以调整。能够及时调整思路的,创造平台使职工的个人价值得到体现;对于跟不上项目管理步伐的班组、班组长、作业工人,坚决予以清退。班组只有能够适应并做得更好,才能为长期合作打下良好的基础。

(5)加强沟通协调,懂得借势。班组作业标准化实施过程中遇到的问题积极与建设单位、监理单位、施工单位进行沟通,不能一味地故步自封,要以开放的态度积极学习其他班组的亮点,相互促进。另一方面要借助施工单位上级公司力量,严格执行公司协作队伍信用评价考核办法,督促队伍/班组从长期合作的角度考虑,配合项目管理。

(6)鼓励创新,倡导"三微改"。鼓励班组人员对安全、质量、标准化等提出好的建议、想法,进行发明创造,节约成本,提高工效及产品质量。

4.4.3　监理单位层面具体举措

(1)根据建设单位班组作业标准化管理要求,制定班组标准化监理实施细则,明确各级监理人员职责,与班组考核挂钩。

(2)组织全体监理员向有经验的监理同事们学、向规范施工单位的技术方案学、向有经验的施工管理人员学,提高监理员安全、质量、标准化管理水平。

(3)深入班组施工现场,了解作业情况,耐心与班组沟通,发现问题,解决问题。督促施工单位出台奖励机制,努力提高一线工人的收入。解决不了及时汇报,建立好沟通渠道。

(4)由总监亲自主持班组之间的现场交流,积极主动解决班组、施工单位存在的困难,依据具体的环境,找施工单位主要人员谈心,帮他们理清工作思路,加强目前管理缺陷的弥补工作。

(5)认真领悟建设单位管理意图和管理要求,将意图和要求严格布置下去。

(6)必要时要采取以下手段:

①工序施工违规,现场整顿、现场整改。

②严重违规停工整改。

③经多次巡查发现存在同样问题而未整改到位的班组必须无条件清除出场。

④不严格执行班组作业标准化,经多次督促依然我行我素的班组必须无条件清除出场。

⑤存在较严重偷工减料行为的班组必须无条件清除出场。

⑥存在较严重质量、安全问题的班组必须无条件清除出场。

⑦无视监理指令而习惯性作业,经多次教育而不整改的班组必须无条件清除出场。

⑧存在主观恶意不规范施工行为的班组必须无条件清除出场。

⑨如分管副总监、总监多次发现同一现场监理人员不作为,则严格按照监理相关规定进行处理。

4.4.4 建设单位层面具体举措

按照建设单位班组作业标准化管理要求,建立建设单位-监理单位-施工单位-工区(分部)-班组的五级"网格化"管理体系。形成"建设单位、监理单位、施工单位"三方对班组齐抓共管的局面,如图4-3所示。严格落实班组"首件认可制"与"清退制",积极推行班组管理"6步走"常态化和班组"6S"管理,形成日常良好习惯。严格执行通道设置标准化、安全标志标牌标准化和安全防护标准化的三个专项标准化管理要求,提高对班组作业的安全保障能力。制定班组作业标准化考核制度,参建各方要定期评选"最美班组""最美监理""最美技术员""最美安全员""最美班组长""最美工人",全力引导一线作业人员开展安全、质量创新工作,鼓励"三微改"。除此之外,建设单位还应重点做好以下几方面工作:

图4-3 三方齐抓共管

①在招标阶段明确班组作业标准化建设具体要求,细化具体工作举措。

②项目建设初始,要建设一定规模的工人学校,组织参建各方主要管理层、现场管理人员进行班组作业标准化管理理念灌输和交底,便于后期班组作业标准化工作的执行。组织建设单位全体员工大会,明确班组作业标准化建设具体管理要求,形成全体人员齐抓共管的良好氛围。

③建设单位、监理单位、施工单位要加强各自员工的业务水平、职业道德、尊重人权、主动服务等方面的知识培训。

④要严格"抓监理、抓班组、抓落实"工作举措,坚持秉承"认真、较真、顶真"管理理念。强化过程管控,常抓不懈,防止出现反弹现象。

班组规范化管理相关表格见表4-1~表4-5。

班组"6S"管理月度考核评分表　　　　　　　　　　表 4-1

考核班组：　　　　　　　　　　　　　　　　　日期：

序号	项　目	评分细则	得分	备　注
1	地面(15分)	无纸屑、饮料瓶、手套、包装物、油污等，通道畅通。以上有一处不符合项扣2分，扣完为止		现场巡视(拍照为据)
2	工具箱/置物架(15分)	标准配置，无多余工具，符合"三定"，明确标识，箱体内外干净整洁。以上有一处不符合项扣2分，扣完为止		现场巡视(拍照为据)
3	加(施)工现场(15分)	没有与工作无关的物品，物品符合"三定"，明确标识，下班前严格清场。以上有一处不符合项扣2分，扣完为止		现场巡视(拍照为据)
4	原辅材料/半成品/模板/设备附件放置点(15分)	分门别类，放置整齐，无交叉混放现象，标识清楚，无呆滞品，无杂物。以上有一处不符合项扣2分，扣完为止		现场巡视(拍照为据)
5	员工素养(20分)	班组主动配合执行，精神饱满，安全劳保用品穿戴整齐，衣衫整洁，工作时无抽烟、饮水和嬉戏打闹现象。以上有一处不符合项扣2分，扣完为止		观察，记录
6	现场安全(20分)	作业人员具备资质，严格按规程操作，现场无违章作业。重点检查用电、吊装、临边防护等危险作业，酌情给分，满分20分		观察
		本次考核得分		

检查组长：　　　　　　参与检查人员：　　　　　　　　　　　　　　　　　　记录人：

班 组 档 案　　　　　　　表 4-2

项目名称：　　　　　　　　　　　　　施工单位：

班组名称		序号	姓名	性别	入场时间	工种	健康情况	入场安全教育情况	特种作业操作资格项目	备注
班组人数：＿＿人（男＿＿人,女＿＿人）		1								
		2								
班组长姓名		3								
班组长电话		4								
班组集体荣誉记录		5								
		6								
		7								
		8								
		9								
		10								
		11								
		12								
		13								

注："特种作业操作资格项目"栏内填入工人持有的特种作业资格类别，班组员工变动及时进行记录。

班组巡查表

表 4-3

班组：　　　　　　班组巡查员：　　　　　　时间：　　　　　　天气：

序号	检查项目	巡查内容	检查结果	备注
1	班前检查	是否正确佩戴个人防护用品	是□　否□	
		有无酒后、带小孩者进入施工现场	无□　有□	
		防火禁区、木工场地是否有吸烟或明火作业	否□　是□	
		各种电动机械设备是否有可靠有效的安全措施和防护装置	是□　否□	
		作业环境是否安全、可靠	是□　否□	
		作业人员身体、情绪是否正常	是□　否□	
2	班中检查	起重吊装、电焊、气割作业等有无违反安全生产操作规程	无□　有□	
		有无不规范穿戴个人安全防护用品现象	无□　有□	
		作业人员身体、精神状态是否失常	否□　是□	
		有无在易燃易爆物品附近抽烟，进行气割、电焊等带火作业	无□　有□	
		孔口、临边安全防护是否完善	是□　否□	
		安全通道是否畅通	是□　否□	
		机具、设备安全装置是否完好	是□　否□	
		材料、机械、设备是否固化、堆放整齐	是□　否□	
		有无损坏标志标牌现象	无□　有□	
3	班后检查	作业场地是否清扫干净、整洁	是□　否□	
		材料、机具和设备是否归类、复位还原	是□　否□	
		用电机具是否切断电源、关好闸箱	是□　否□	
		作业区域标志标牌是否完好	是□　否□	
		安全防护设施、通道是否完好	是□　否□	
4	其他活动记录			

注：此表由班组巡查员负责填写，及时记录，在检查结果一栏打"√"，每月装订为1本。

施工过程"三检"记录表 表 4-4

承包单位：　　　　　　　　　　　　　　　　　　　　合同号：
监理单位：　　　　　　　　　　　　　　　　　　　　编　号：

工程部位		工序名称	
自检	检查内容：		检查结果： 　合格 　通知现场技术员检验 　不合格 处理情况：
	检查人：		检查时间：
复检	检查内容：		检查结果： 　合格 　通知质检工程师检验 　不合格 处理情况：
	检查人：		检查时间：
专检	检查内容：		检查结果： 　合格 　通知监理工程师检验 　不合格 处理情况：
	检查人：		检查时间：

工序交接检验卡

表 4-5

我班组已完成＿＿＿＿＿＿＿＿＿＿部位分项(分部)工程,请给予查验,以便下道工序班组进行下道工序施工。
附:自检表＿＿＿＿＿份,其他资料＿＿＿＿份   自评质量情况: 班组长(签字):　　　　　　　　　　　　　　　　　　　　　年　　月　　日
下道工序班组接收意见: 班组长(签字):　　　　　　　　　　　　　　　　　　　　　年　　月　　日
施工员验收意见: 施工员(签字):　　　　　　　　　　　　　　　　　　　　　年　　月　　日
质检员(项目质量管理小组)验收意见: 质检员(签字):　　　　　　　　　　　　　　　　　　　　　年　　月　　日
备注: 1. 分项、分部工程或每道工序结束后,该工序班组必须进行自检,合格后填写本交接检验卡。经下道工序班组接收及相关人员验收合格后,下道工序班组方可进行施工。   2. 上下工序若是同一班组施工也必须办理此交接检验卡。   3. 重要施工部位或工序必须经过项目质量管理小组验收后,方可进行下道工序施工。

5 安全标准化管理要点

高速公路施工现场不同程度存在"脏、乱、差"现象,安全标准化水平低,每一次迎检都要停工待检,直接影响高速公路建设安全生产高质量发展。安全标准化工作是改变施工形象、提升本质安全水平的重要手段。

5.1 管理要点

以施工安全标准化为指引,通过提前谋划安全标准化规划,全面推进通道设置标准化、安全标志标牌标准化、安全防护标准化等三个安全专项标准化,大力推广"专业化设计、装配化施工、模块化安装"理念,不断总结深化安全标准化成功经验和做法,提升施工现场本质安全水平,为改善作业环境创造有利条件。

5.2 安全标准化主要举措

5.2.1 安全标准化理念

推进安全生产标准化建设,采取打造亮点、树立标杆、交流学习、推广复制、全面覆盖等方式,通过现场手把手指导、点对点纠偏,强化现场标准化建设,夯实安全生产标准化创建成果。

5.2.2 安全标准化谋划

建设单位在项目开工前应编制安全生产标准化图册,以图文并茂的形式,让参建各方以最直观的方式落实安全标准化实施内容和要求。施工单位在项目开工前应根据建设单位安全标准化要求编制实施方案,针对不同的安全管理难点和风险,提出相应的安全标准化措施,在分部分项工程开工前落实"首件认可制"。

5.2.3 施工场地安全规划

施工单位在进场前需进行"三厂一驻地"等临建工程专项设计,绘制场地规划效果图,经建设单位审批通过后实施。施工场地应地质条件良好,避开滑坡、塌方、洪水及高压线危险区域,做到封闭管理,办公区、生活区、停车区、施工区应合理布局,场地硬化处理,临时用电措施、消防措施、防雷措施等满足要求。施工完成后,经三方验收合格后方可投入使用。

5.2.4　推进工点工厂化管理

通过与施工班组现场对接沟通,充分考虑施工作业人员施工习惯,科学划分施工现场各类设备设施、施工材料等放置区域,系统编制"工点工厂化布置图",实现定置定位管理。并依据施工现场实际情况不断优化完善工点工厂化布局,打造移动工厂。

5.2.5　推进安全标志标牌标准化

在项目开工前,应对施工现场五牌一图、安全警示标志牌、安全设施验收牌、信息告示牌等标志标牌的格式、内容、尺寸、材质、安装等要求进行统一,规范标志标牌使用。

5.2.6　推进安全防护标准化

全面推广"专业化设计、装配化施工、模块化安装"理念,由建设单位牵头,与施工、监理单位工程、技术管理人员和一线作业班组共同商议,通过专业设计对施工现场涉及的临边防护、安全作业平台、专业施工台车、安全防护器具等进行统一设计、专业化生产,做到安全防护设施"定型化、装配化、工具化",实现现场模块化安装,提升安全设施标准化水平,减少安装时间,增加周转率,降低使用成本。

5.2.7　推进通道设置标准化

对栈桥、隧道、结构物、临时厂站、施工影响区域道路等五大类通道的防护样式、材质、管理措施等进行具体要求,确保各行其道、安全畅通。

5.2.8　落实安全设施验收管理机制

各类安全防护设施、安全通道应由施工班组进行设置,由施工单位、班组、监理单位三方联合验收通过,现场张贴安全设施验收牌后方可投入使用。

6 安全文化品牌建设管理要点

高速公路建设安全管理手册

对于事故预防工作,仅有安全技术手段和安全管理手段是不够的。安全文化的作用是通过对人的观念、道德、态度、情感、品行等深层次的人文因素的强化,利用领导示范、教育、宣传、奖惩、创建群体氛围等手段,不断提高全员安全素养,提升安全意识,使人们从被动服从转变为主动执行,实现从"要我安全"到"我要安全"的根本转变。

6.1 管理要点

大力倡导"文化助安"理念,建设"以人为本、互相尊重、合作共享、全员参与"的安全文化。统筹建设项目安全教育场所,积极开展安全大讲堂、管理论坛等活动,搭建项目内外部安全管理交流平台,设立专业化安全管理队伍;组织开展安全标准化现场会、交流会、技能比武等专项活动,打造标杆,树立先进典型;创建安全创新工作室,搭建安全创新平台,推进项目建设安全管理持续创新,打造安全管理品牌,将安全文化建设和安全理念贯穿项目建设的全过程。

6.2 搭建安全交流平台

6.2.1 设立安全交流平台

针对项目特点,邀请建设、施工、监理专家、领导授课,组织安全管理大讲堂、安全论坛等形式各样的活动,为项目管理人员和产业工人搭建一个相互交流、相互促进、相互提高的学习平台,进一步夯实安全管理基础,提高安全管理水平,积累安全创新成果和先进管理经验。

6.2.2 设立"内训师"培训机制

组织各参建班组进行内部交流,选拔优秀班组长、作业人员作为"内训师",颁发"内训师"聘书,组织开展内部巡回交流、培训,通过"言传身教""现身说法",多频次、接地气地对一线班组、工人进行宣贯教育,推广班组好的管理经验和做法,通过互动交流,共同探讨管理过程中遇到的难点、痛点,提升安全教育培训成效。

6.2.3 建立"师带徒"传帮带机制

选取安全业绩优、业务精、作风实的"师父",以师徒关系将其技艺、职业道德、安全技能传授给对应的"徒弟",以点及面,快速提升作业队伍和安全管理团队的能力。

6.2.4 建立特色安全交底模式

针对项目安全管理特点、难点,组织开展施工现场安全巡回交底,通过各工序风险提示警示、实物直观展示、"手把手"现场教学等方式,在作业一线开展针对性安全技术交底,使工人更易接受,提高安全交底质量。

6.3 建立"一站式"安全教育培训模式

施工单位宜设立集中、固定的安全教育培训场所,配置安全培训教室、安全培训器材、安全体验设施、安全实操器具、人员信息登记等标准化安全培训设施,提供统一的安全教育培训教材,编制"一站式"安全教育培训管理制度和工作流程。施工单位可以在该场所"一站式"完成人员实名制登记、人脸数据自动化采集、三级安全教育、安全体验、实操培训、劳动用品发放等工作,提升安全教育成效,避免安全教育形式化。

6.4 设立"交警式"安全管理队伍

对标交警执法机制,打造"交警式"安全管理队伍,配备统一的服装、执法记录仪、多功能包、强光手电、多功能安全巡查车等现场巡查装备,通过现场告知、现场教育、现场处罚等工作模式,提升现场安全管理成效和威慑力,有效避免现场违章整治力度弱、处置手段单一和同类安全问题反复发生等问题。

6.5 推行安全亲情教育

6.5.1 设立亲情墙

收集作业人员家人照片,在工点进出口醒目位置设立亲情教育墙,让作业人员上下班第一时间看到自己家人,时刻感受到家人的温暖,潜移默化地增强作业人员的安全意识,让"自己安全,家人安心"。

6.5.2 设立"安全反省屋"

在施工现场设立"安全反省屋",屋内设置安全警示标语、展示真实事故照片、提供安全标准手册、播放事故案例警示片等,违章作业人员进行全流程反省和学习,并签署安全承诺书,提升安全警示教育效果,提高班组违章成本。

6.5.3 设立"喜报"机制

对安全表现良好、获得安全荣誉、做出安全贡献等作业人员,向其家乡亲友发送"感谢信",增强作业人员在家乡的荣誉感、项目的获得感。反之,对屡教不改、多次违章的作业人员,进行劝退或向其家乡亲属发送"告诫短信""劝退信"等。

6.6 开展安全"晾晒比拼"

6.6.1 建立安全述职机制

开展"一把手"话安全、总监安全述职、班组长演讲等活动,盯牢安全第一责任人,全面提升各层级一把手的履职能力,落实"三管三必须"。

6.6.2 开展安全特色活动

组织标准化现场会、交流会、安全技能比武、安全专项提升等活动,现场沟通交流优秀经验,打造标杆,树立典型,全面推广、复制班组作业标准化、工点工厂化、"6S"管理。

6.6.3 发挥一线工人智慧

开展"五小创新"、意见征集、安全合理化建议等活动,充分发挥一线工人智慧,创新安全管理模式,提升现场管控能力。

6.7 建立差异化管理机制

针对施工单位的现场安全管控情况,推行差异化管理,实行警告、处罚、清退等机制,第一时间约谈安全管理较差单位的第一责任人,要求其说明原因及下一步措施。对安全管理优秀的单位,开展安全交流活动,分享安全管理心得和经验。

安全文化品牌建设管理相关照片见图6-1~图6-6。

图6-1 "一站式"安全教育培训基地

图6-2 安全大讲堂

图6-3 施工现场标准化交流会

图6-4 班组巡回教育交底

图6-5 班组内部培训师选拔

图6-6 起重吊装技能比武

7 双重预防机制管理要点

高速公路建设安全管理手册

高速公路建设项目点多、线长、面广,施工现场条件复杂,施工难度大,安全风险高,安全风险管控和事故隐患排查治理难度大,安全风险和事故隐患"认不清、想不到"的问题突出。构建双重预防机制就是针对安全生产领域这一突出问题,强调安全生产的关口前移,把风险控制在隐患形成之前,把隐患消灭在事故前面。

7.1 管理要点

推进安全风险分级管控和隐患排查治理双重预防体系建设,健全各项目风险分级动态管控体系,落实安全风险源的层级安全技术管理与监管责任。做好项目安全总体风险评估、安全专项风险评估、危大工程清单和危大工程专项施工方案编制评审工作,推动作业班组深入参与专项施工方案编制、论证环节,确保方案现场可操作。开展重大风险挂牌督办,制定重大风险"一点一方案",严管严控重大风险。严格执行高风险作业全过程旁站监管,针对涉管线、跨高速和大型构件吊装等高风险作业内容执行"许可令"制度和全过程旁站机制。

7.2 双重预防机制

安全风险分级管控机制和隐患排查治理机制合称为"双重预防机制",是生产安全事故的两道防火墙。第一道是管风险,以安全风险辨识和管控为基础,从源头上系统辨识风险、分级管控风险,把各类风险控制在可接受范围内,杜绝和减少事故隐患;第二道是治隐患,以隐患排查和治理为手段,认真排查风险管控过程中出现的缺失、漏洞和风险控制失效环节,坚决把隐患消灭在事故发生之前。

7.2.1 安全风险分级管控

1)安全风险分级

安全风险分级管控有横向和纵向两个方面的分级。

横向分级指高速公路项目建设应开展施工总体风险评估和专项风险评估两个级别的安全风险评估工作。建设单位宜在项目施工招标前完成总体风险评估,评估结论为建设单位的项目组织实施、安全管理力量投入、资源配置和施工单位选择等方面决策提供支持,可作为施工单位编制施工组织设计和开展专项风险评估的依据。专项风险评估包括施工前专项风险评估、施工过程专项风险评估和风险控制预期效果评价等环节,贯穿整个施工过程。专项风险评估结论应作为施工单位完善施工组织设计、编制完善专项施工方案的依据。

纵向分级上,总体风险评估和专项风险评估均分为四级:低风险(Ⅰ级)、一般风险(Ⅱ级)、较大风险(Ⅲ级)、重大风险(Ⅳ级)。

应根据风险评估结果与接受准则,提出风险控制措施,见表7-1、表7-2。对于重大作业活动,还应根据不同的风险等级提出分级控制措施,确定层级责任和责任人,实施现场管理和监控预警。

总体风险接受准则与控制措施　　　　　　　　　　　　　　　表7-1

风险等级	接受准则	控 制 措 施
Ⅰ级(低风险)	可忽略	维持日常安全管理工作,无须采取附加的风险防控措施
Ⅱ级(一般风险)	可接受	需采取风险防控措施:加强安全管理力量,严格日常安全管理
Ⅲ级(较大风险)	不期望	应采取措施降低风险:采取加大安全管理力量和资金投入、强化安全资源配置、选择有经验及自控能力强的施工单位、增加工程保险投保等措施
Ⅳ级(重大风险)	不可接受	应采取一整套的措施降低风险:优化工程设计方案或设计阶段的施工指导方案,高度重视项目的后续组织实施。采取加大安全管理力量和资金投入、强化安全资源配置、选择有经验及自控能力强的施工单位、增加工程保险投保等措施

专项风险接受准则与控制措施　　　　　　　　　　　　　　　表7-2

风险等级	接受准则	控 制 措 施	分级控制措施			
Ⅰ级(低风险)	可忽略	无须采取特别的风险防控措施	日常管理	—	—	—
Ⅱ级(一般风险)	可接受	需采取风险防控措施:严格日常安全管理,加强现场巡视	日常管理	监控预警	专项整治	—
Ⅲ级(较大风险)	不期望	应采取措施降低风险,将风险至少降低到可接受的程度	日常管理	监控预警	多方面专项整治	应急预案、应急准备
Ⅳ级(重大风险)	不可接受	应暂停开工或施工,同时采取措施,综合考虑风险成本、工期及规避效果等,按照最优原则将风险至少降低到可接受的程度,并加强监测和应急准备	日常管理	监控预警	暂停开工或施工全面整治	应急预案、应急准备

2)安全风险管控举措

(1)施工单位应建立安全风险辨识、评估与管控制度,及时排查和管控安全风险。

(2)工程开工前,施工单位应根据专项风险评估结论及危险性较大分部分项工程管理要求,编制专项施工方案,组织工程技术、质量、安全、设备物资等部门人员,按照有关标准和规范,全方位、全过程辨识本合同段施工工艺、设备设施、作业环境、人员行为和管理体系等方面存在的安全风险,并对辨识出的安全风险进行科学评估,确定安全风险等级,形成风险清单,报监理单位审查后抄送建设单位。重大风险应制定详细的管控措施、应急措施,明确网格化管理人员,经监理审核后报建设单位审批。

(3)风险辨识与评估工作完成后,施工单位应依据安全风险类别和等级,绘制本合同段安全风险分布图。

(4)施工单位应及时关注风险变化情况,每月或者在工程施工部位、工艺发生变化后进行风险辨识与评估,动态评估、调整风险等级和管控措施。

7.2.2 隐患排查治理

根据隐患可能导致的后果的严重程度,建立建设单位、监理单位、施工单位、班组自查四级隐患排查机制,明确不同类别隐患排查治理职责。一般隐患由项目内部管控治理,根据隐患类别,制定隐患管控人员、治理期限和效果认定等内容。重大隐患按行业相关要求,报送至上级单位和属地交通运输主管部门,并按规定做好监控、销号等工作。

施工单位应按照行业、主管部门和建设单位有关要求,建立隐患排查治理机制,结合安全风险清单,逐项核查施工环节和场所的事故隐患。隐患排查治理机制应明确事故隐患排查、告知(预警)、整改、治理责任、评估验收、报备、奖惩考核、建档等内容。按照规定对隐患排查、登记(报备)、治理、验收、评估、销号等全过程予以记录,并向从业人员通报。

建立安全问题整改监理反馈机制,由建设单位牵头召开安全问题整改反馈会,总监理工程师对所管辖施工单位安全问题整改情况进行统一反馈,发挥监理在一线的监管作用,调动监理积极性,落实安全管理职责。

7.3 重大安全风险挂牌督办

(1)对于重大安全风险实行挂牌督办机制,建设单位组织梳理重大安全风险挂牌督办清单,按"一点一方案"要求逐一制定每个重大安全风险的管控方案,明确风险范围、风险因素、安全措施、网格化责任人,健全动态跟踪督办机制,严管严控重大风险闭环管理。

(2)施工单位应做好重大安全风险网格化责任人安全交底工作,详细告知风险内容、安全措施和具体举措,做好台账记录。在工点出入口、重大安全风险具体部位醒目位置等部位悬挂重大安全风险警示牌,标明建设单位、监理单位及施工单位网格化责任人。

(3)监理单位、施工单位应加大挂牌督办的重大安全风险检查力度和次数,对安全风险管控措施落实情况进行重点检查,明确专人跟踪督办情况。建设单位应采取随机抽查、暗查暗访、专项检查等方式加强重大安全风险监管。

(4)建立健全重大风险动态监测机制,积极引入技术手段加强重大风险的监测预警,提高重大风险管控能力。

(5)重大风险应单独编制专项应急措施,对进入重大风险影响区域的从业人员进行应急逃生避险、应急处置等相关培训并组织演练。

7.4 危大工程作业许可制

推行吊装令、运输令、涉高压施工令等危大工程作业许可制,通过安全条件核查、桌面推演、"首吊、试吊"机制、顾问单位专业"探班"和"诊脉"等手段,夯实安全管理举措,消除安全风险。

7.4.1 大型构件吊装令

每天第一个大型构件吊装前,按照"首件认可制"要求落实,现场核查安全措施、设备技术状况、网格员到岗情况等,经监理审批后方可开展吊装作业。

7.4.2 大型构件运输令

大型构件出厂前需进行核查验收,重点对运输设备安全技术状况、防失稳措施、警示设施、运输路线、运输方案等进行核查,经监理审批后方可进行运输作业。

7.4.3 涉高压施工令

在涉高压线作业前,需经过电力监管部门专业人员和施工单位技术人员现场核查,明确涉高压施工具体位置、具体时间、高压线等级、高压线安全距离、高压线下施工方案,确保高压线下施工符合相关法律法规要求,由各方确认并签署涉高压施工令后方可开展作业。

8 常态化应急管理要点

高速公路建设安全管理手册

8.1 管理要点

要结合项目实际情况,积极推进项目应急救援体系和应急自救队伍建设,制定完善的综合应急预案,定期开展各类事故应急演练,提升从业人员应急技能。积极推进应急指挥中心建设,建立项目应急指挥系统,提升重大危险源监控、风险预防管控与应急处置等能力。推广使用"应急处置卡",增强一线作业人员的应急处置能力。编制"三防"等应急工作手册,简化应急工作流程,提升应急效率。

8.2 应急体系

8.2.1 应急组织机构

突发事件应急组织机构包括建设单位突发事件应急领导小组(以下简称"应急领导小组")、应急领导小组办公室、现场应急指挥部和各应急小组,见图8-1。

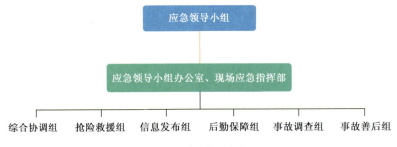

图8-1 应急组织机构

应急领导小组:应急领导小组由建设单位主要领导和部门负责人组成。建设单位主要负责人任应急领导小组组长,分管领导任应急领导小组副组长,部门负责人任组员。应急领导小组下设办公室,办公室设在安全职能部门,主要负责日常管理工作。

现场应急指挥部:现场应急指挥部是在启动生产安全事故预警状态和应急响应行动时成立的,主要行使各层级领导小组靠前指挥职能。

应急救援队:应急救援队在应急领导小组决定启动生产安全事故预警状态和应急响应行动时自动成立,由参建单位负责组建,在应急领导小组统一领导下开展应急处置工作。应急救援队下设综合协调组、抢险救援组、信息发布组、后勤保障组、事故调查组、事故善后组,应明确各小组负责人、组员及职责范围。

8.2.2 应急预案

(1)应急预案分为项目综合应急救援预案、专项应急预案和现场应急处置方案。

(2)建设单位应根据有关法律、法规、规章和相关标准,结合本单位组织管理体系,制定综合应急救援预案和"三防"专项应急预案,并将应急救援体系纳入地方应急救援体系管理。

(3)其他各参建单位应当根据有关法律、法规、规章和相关标准,结合本单位组织管理体系、生产规模和可能发生的事故特点,确立本单位的应急预案体系,编制相应的应急预案,并体现自救互救和先期处置等特点。

(4)各单位应当在编制应急预案的基础上,针对工作场所、岗位的特点,编制简明、实用、有效的应急处置卡。应急处置卡应当规定重点岗位、人员的应急处置程序和措施,以及相关联络人员和联系方式,便于从业人员携带,并在施工现场相应位置放大悬挂公示。

8.2.3 应急救援队伍建设

(1)应急救援队伍原则上由各施工单位分别组建,每个施工单位组建一支队伍,该队伍独立于班组,由所属施工单位安全职能部门直接管理。

(2)应急处置队伍队员应满足以下要求:

①每支应急处置队伍应设置一名队长,队长由施工单位安全职能部门员工担任。该员工应具备较好的安全知识素养、现场管理能力和组织协调能力。

②队员由各施工单位从班组作业人员或外聘人员中挑选,队伍中应设置一名持证的专职电工。

③队员要具备一定的安全生产和应急处置知识、技能,能够发现和解决现场的一般隐患。

(3)工作职责。

应急处置队伍队长负责组织安排队伍日常工作,负责带领队员协助项目部完成现场安全生产、文明施工、环保、应急处置等相关工作。

①定期对施工现场进行检查巡查,完善、维护现场安全防护设施,对于发现的隐患问题要在队长的指挥下实施整改。

②对于现场发现的"三违"现象应当立即制止或通知队长进行处理。

③学习了解项目应急预案,掌握项目应急处置流程,参与各项应急演练活动。

④协助做好恶劣天气来临前的现场防护工作。

⑤事故或灾害发生后迅速赶赴现场,及时、有效地协助开展事故救援、抢险救灾等应急工作。

⑥做好项目应急物资设备的日常管理和维护工作。

(4)相关要求。

①应急处置队伍应统一形象,定制统一的工作服并佩戴印有"应急处置队伍"字样的袖章。

②应急处置队伍应当配备必要的通信工具、作业工具和劳动防护用品。

8.2.4 应急演练

(1)应采取多种形式开展应急预案的宣传教育,普及生产安全事故避险、自救和互救知识,使从业人员了解应急预案内容,熟悉应急职责、应急处置程序和措施,提高安全意识与应急处置技能。

(2)应编制各类应急处置(救援)演练计划,根据项目事故防范重点,每年至少组织一次综合应急预案演练或专项应急预案演练,每半年至少组织一次现场处置方案演练。

(3)应根据不同施工阶段、施工内容、季节按期(次/季)开展相应的演练,以提高救灾人员个人自身救援素质和抢险队伍集体救灾能力。专业性较强的救援演练项目应在建设单位有关部门领导下进行演练,做到突出重点、有的放矢。

(4)应急演练前应编制演练计划和演练方案。演练结束后,演练组织单位应对演练效果进行评估,对演练情况进行总结记录,分析存在的问题,并对应急预案提出修订意见。

(5)应按照应急预案的要求配备充足的应急救援机械设备和应急物资,建立物资清单,并定期进行检查、维护、更新;可采用桌面演练、实战演练(可分步骤演练)等形式定期组织开展应急演练,评估、检验应急处置能力和应急救援资源配备情况。

(6)参建单位可以开展无脚本应急演练,在正式演练前不预设脚本,重"练"轻"演",参与演练的人员完全根据演练科目设定和现场演练环境,现场按照应急预案内容开展应急处置工作,实现"真场景、真反应、真检验"的效果,达到切实提升应急能力的目的。

(7)建设单位应统筹优化各参建单位的应急救援能力,整合各项目部应急资源,做到本项目内各参建单位应急资源互联互通,与各级政府部门、其他项目及社会救援组织等实现应急救援联动;建立与各地方政府部门应急工作联系机制,强化各区域应急信息的互通,形成应急救援合力,打造高速公路建设集约化应急体系。

8.3 应急处置卡

(1)为进一步做好安全应急工作,提升重点岗位、人员在第一时间、第一现场进行应急处置的能力,应推广使用应急处置卡。

(2)应急处置卡结合风险等级划分结果,可以采用红(重大风险)、橙(较大风险)、黄(一般风险)等不同底色进行标示,突出重大、较大风险的应急处置。

（3）为便于从业人员携带，应急处置卡尺寸一般为8cm×12cm（可视情况调整），可以塑封成卡片，增加耐用性。

（4）应急处置卡内容应简明、实用、有效，突出第一时间、第一现场的应急处置要求。应急处置卡一般应包括但不限于下列内容：

①风险提示、事故情景描述；

②应急处置程序和措施；

③相关联络人员和联系方式；

④可调动的应急物资；

⑤相关工艺或处置流程图示；

⑥注意事项，重点包括佩戴个人防护器具方面、使用抢险救援器材方面、自救互救方面和防止次生事故方面等。

（5）应急处置卡培训应纳入安全教育培训计划，在办理入职手续后同步发给相关人员并签字确认，并作为班前会重点教育和抽查内容。鼓励员工自主学习，通过相互提问等方式，巩固学习成果，做到内容熟知、运用熟练。

（6）应急处置卡使用过程中，应根据实际情况进行动态修改、完善。

8.4 防台工作

8.4.1 管理架构

1）连队化管理体系

为强化"三防"应急工作的组织领导，应急管理体系可以在"三防"应急工作领导小组的基础上，参照连队化管理模式，以项目部为连队单位，建设单位指派指导员、副指导员，监理单位指派总监，共同建立连队化台风防御工作的检查、指导、协调管理体系，见表8-1和图8-2。

防台连队化组织机构成员　　　　　表8-1

项目部	所属连队	联系处室	指导员	连长	副指导员	副连长	监理
1标	1连	安全					
2标	2连	工程					
3标	3连	合同					
4标	4连	总师					
5标	5连	财务					

注：启动Ⅰ级应急响应后，各连队指导员、总监理工程师需赴对应联系连队检查、指导、协调开展台风防御工作。

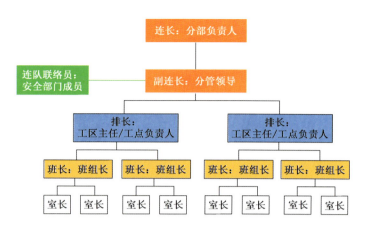

图 8-2 防台连队化组织机构

2）防台应急处置组织机构

建设单位成立防台应急处置领导小组，由单位负责人、各职能部门负责人组成，下设综合协调组、现场处置组、人员管控组、信息保障组、后勤保障组、宣传报道组，见图 8-3。

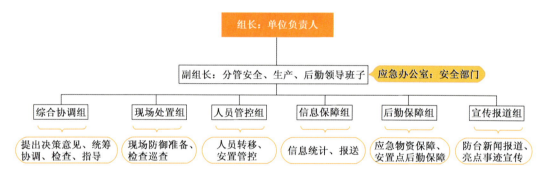

图 8-3 防台应急处置组织机构

8.4.2 职责分工

1）防台应急工作职责

防台应急工作职责见表 8-2。参建单位应急响应工作清单见表 8-3。

防台应急工作职责   表 8-2

层级划分	工作职责
建设单位	1. 建立"三防"工作管理机制，组织制定"三防"应急预案； 2. 发布预警信息，启动应急响应，部署"三防"工作任务，组织建立应急救援组织，配备必要的应急救援物资、设备； 3. 检查施工现场重点危险部位，督促、检查、指导施工单位落实响应准备工作； 4. 掌握灾害情况和"三防"工作状态，配合地方政府和上级部门开展抢险救灾，及时报送相关资料； 5. 统筹协调项目应急力量参与外部应急抢险活动，组织指导灾后生产自救，组织复工检查、审批
监理单位	1. 督促、检查施工单位落实应急准备，先期检查施工现场，督促落实各项防御措施； 2. 参与灾后隐患排查，落实复工检查、审批

续上表

层级划分	工作职责
施工单位	1. 制定专项应急预案及现场处置方案,组建专业应急救援队伍,配备必要的应急物资及装备; 2. 开展防台宣传教育,落实人员转移工作; 3. 全面排查现场隐患并落实整改,做好现场设施设备转移加固、临时厂站加固等灾害预防工作; 4. 根据指令组织开展防台抢险工作; 5. 准确、详细、及时掌握灾情和"三防"工作动态,并根据项目公司和上级单位要求及时报送相关资料; 6. 落实现场整理和复工排查,统计损失,开展保险理赔申报等工作; 7. 做好灾害防御工作总结,及时恢复生产

参建单位应急响应工作清单   表8-3

应急响应等级	工作清单
Ⅳ级响应	1. 关注灾害趋势,召开专题会议进行部署; 2. 现场排查,分析防台重难点工作; 3. 检查物资储备,统计需转移人员、设备; 4. 易受台风影响区域提前防范; 5. 对可能受灾害影响的施工地点和重要设备提前采取措施,明确船舶避风锚地并及时撤离无动力船舶; 6. 对接联系附近安置点
Ⅲ级响应	1. 动态发布预警信息,领导小组成员开始应急值班; 2. 对接政府部门,落实应急保障需求; 3. 停止危险区域作业,撤离相关作业人员及危险地带人员; 4. 加固高大结构物、宿舍,转移重要资料; 5. 与海事和内外部船舶管理机构进行对接,明确撤离船舶操作人员值守和后勤保障需要; 6. 人员安置规划及安置点布置准备; 7. 补充后勤保障物资,落实人员转移车辆
Ⅱ级响应	1. 应急领导小组现场督察,落实专人值班; 2. 停止露天作业,转移设备、材料等,落实加固防护措施; 3. 可移动标牌、小型设备做好固定,低洼地带和栈桥的大型机械设备转移至相对安全点,起重机起重臂一律放下,平台、栈桥上覆盖钢筋(笼)、水泥等材料; 4. 完成应转移人员转移安置,落实安置点信息统计和专人管理; 5. 应急设备停放至指定区域,应急人员和应急设备操作手安置到指定位置
Ⅰ级响应	1. 应急领导小组组织24小时应急值班; 2. 停止一切作业区域施工; 3. 大型厂站、作业现场配电箱切断供电; 4. 应急保障措施查漏补缺,保留影像资料; 5. 落实安置点值班管理,落实外出审批

2)防台应急处置小组职责分工

防台应急处置小组工作职责见表8-4。

防台应急处置小组工作职责　　　　表 8-4

工作组	成员组成	责任人	职责分工
应急领导组	组长	主要负责人	发布指令、部署工作、监督责任落实
	副组长	分管领导	负责分管范围内的组织领导、部署工作和监督指导
综合协调组	组长	分管安全领导	提出决策意见、统筹协调、工作部署、监督指导、应急抢险指挥
	组员	安全部门负责人	沟通协调、发布预警信息、防台工作监督指导
	组员	综合办部门负责人	后勤保障、人员安置工作部署及监督指导
	组员	工程部门负责人	施工组织策划、现场防御工作部署及监督指导
	组员	机料部门负责人	现场设备转移、加固工作部署及监督指导、应急机械设备调度
现场处置组	组长	分管生产领导	现场防御工作部署及监督落实、组织开展抢险救援活动
	组员	工区主任、工程部门成员、现场网格员	组织落实现场防御工作、参与抢险救援活动
	组员	安全部门成员、现场安全员	监督检查现场防御工作落实情况、参与抢险救援活动
	组员	机料部门成员	现场临时用电管控、组织机械设备的转移、加固
人员管控组	组长	分管后勤工作领导	人员转移规划、执行请假审批制度、安置点人员管控
	组员	部门成员、现场网格员	班组人员数量摸排、组织人员撤离、安置点人员管理
	组员	安全部门成员、现场安全员	待转移人员统计上报、组织人员撤离、安置点人员管理
	组员	综合办部门成员	人员外出请假审批、人员撤离车辆及路线安排
信息保障组	组长	分管后勤工作领导	组织信息统计、报送
	组员	综合办部门成员	人员转移、设备加固和转移等数据统计、报送
	组员	综合办部门成员	受灾情况（人员伤亡、经济损失）等数据统计、报送
后勤保障组	组长	分管后勤工作领导	应急物资采购、安置点规划及布置、驻地及安置点内的物资生活保障
	组员	综合办部门成员	驻地及安置点内的后勤管理、防台物资的采购、发放及记录
	组员	机料部门成员	防台应急材料、设备采购、应急抢险机械设备的调度
	组员	安置点管理员	安置点综合协调管理
宣传报道组	组长	分管后勤工作领导	指导防台先进事迹宣传、工作亮点总结和宣传
	组员	综合办部门成员	材料收集、新闻稿编写和发布
	组员	现场网格员、安全员和安置点管理员	收集并提供相关新闻素材和照片

注：安置点管理员根据项目统一安排，由各部门管理人员担任。

8.4.3 风险分析

施工单位应提前分析台风对施工的影响,并针对风险逐一落实风险防控措施。台风对项目施工造成的主要风险见表8-5。

台风天气施工风险分析　　　　　　　　　　　表8-5

施工内容		工序	风险	防范措施
隧道施工	围护结构	钻孔灌注桩	桩孔泡水、坍塌	台风来临前完成桩孔浇筑或暂停钻孔
		地下连续墙	履带起重机倾覆	台风来临前停止吊装作业
		高压旋喷桩	桩基、水泥罐倾覆	桩基趴下钻杆,做好水泥罐防台加固
	基坑开挖、支护	基坑开挖	起重机倾覆、基坑积水、土体滑坡	1.起重机趴下大臂; 2.基坑四周设置挡水墙; 3.坑内土体覆盖塑料薄膜; 4.坑内设置简易集水井,安放大功率水泵进行抽排水
		钢支撑架设	钢支撑倒塌	台风来临前暂不架设,对已架设完成的钢支撑进行加固
	主体施工	底板施工	底板泡水	台风来临前完成底板浇筑
桥梁施工	桩基	钻孔	桩基泡水、坍塌	台风来临前完成桩孔浇筑或暂停钻孔
	承台	基坑	基坑泡水、坍塌	台风来临前完成基坑钢板桩围护或回填基坑或暂停基坑开挖
	墩身	钢筋笼	钢筋笼倒塌	缆风绳加固或暂停安装
	盖梁	贝雷支架	支架垮塌	手拉葫芦加固或拆解或暂停安装
	梁板	T梁安装	梁板倾覆	横隔板钢筋连接、边梁支撑或暂停安装
			架桥机倾覆	与梁板、盖梁间设置加固措施
		大箱梁安装	大型船舶渡台	提前安排至锚地避风
		节段梁安装	架桥机倾覆	设置加固措施,与梁板连接,台风来临前禁止吊装
		钢箱梁架设	桥面吊机倾覆	设置加固措施,与梁板连接,台风来临前禁止吊装
	桥面	护栏浇筑	模板掉落	拆解或暂停安装
	挂篮施工	挂篮安装及拆除	挂篮倾覆	暂停安装或拆除作业并做好加固
		挂篮行走	挂篮倾覆	台风来临前完成浇筑或暂停浇筑,做好挂篮加固
	栈桥、平台施工	贝雷梁、分配梁安装	垮塌	手拉葫芦加固或拆解或暂停安装
路面施工	路面	路面铺设	防雨水冲刷	提前暂停施工

应急响应启动后,各施工单位要合理安排施工计划,需要连续作业或风险较高的工序暂不安排施工。

8.4.4 防御准备工作

1)应急物资储备

首次发布防台预警信息后,各单位要对现有的防台物资、设备等进行清点,对于缺失或数量不足的，要在 2 天内完成储备。

主要防台应急物资配备包括但不限于表 8-6 中内容。

防台应急物资清单 表 8-6

类型	名称	规格	类型	名称	规格
救援类	强光手电	只	生活类	防台食品	人/餐
	编织袋	个		消毒药品	瓶
	铁锹	把		矿泉水	箱
	头灯	个		泡面	箱
	救援绳	米	应急设备	挖机	台
	急救箱	个		装载机	台
	担架	个		叉车	辆
	雨衣	件		起重机	台
				运输车	辆
	雨鞋	双		发电机	台
				人员转移车辆	辆
	救生衣	件		平板车	13m/16m
				水泵	个
	救生圈	个	防御类	钢丝绳	10m/12m
				钢丝绳对应绳卡	个
				花篮螺栓收紧器	个
	对讲机	对		防雨布	6m×2m
	扩音器	个		钢支撑	米
				警戒灯	盏
	救援船	艘		电锤	把

2) 现场防御

防台Ⅲ级响应启动后，要结合现场实际情况逐步停止危险性较大的施工作业，逐一落实加固、拆除等工作。主要防台加固措施见表 8-7 和"现场防御工作标准图例"。

现场防台加固清单 表 8-7

序号	类别	名称	加固方式	备注
1	机械设备	塔式起重机	自由旋转	
2		门式起重机	缆风绳+夹轨器	
3		架桥机	缆风绳	
4		旋挖钻	拆解并放下钻杆	优先
			钻杆放入钻孔	次优先
			调整钻机停放位置	
5		履带起重机	放下起重臂	
6		挂篮	缆风绳及锚固	

续上表

序号	类别	名称	加固方式	备注
7	高大结构	拌和楼	缆风绳	
8		钢结构棚	缆风绳	
9		集装箱房	缆风绳	
10		梯笼	缆风绳	
11		钢筋笼	缆风绳	
12		模板	螺栓加固或拆除	
13	高空物体	作业平台	加固	
14		标志牌	拆除或加固	
15		飘浮物	拆除或绑扎	邻近高压线或通车段
16	其他	配电箱	断电并抬高或拆除	低洼地带
			断电并加固或拆除	高空临边
17		围挡	加固	非涉路
			拆除	涉路
18		覆盖篷布	绑扎或拆除	

8.4.5 人员信息报送

1）建立"连、排、班、室"报送机制

根据连队化管理体系，施工单位"三集中"驻点以室为单位，落实按区域、层级上报的人员信息报送机制，各片区工区主任（工点负责人）应对上报人数情况进行核实，确保准确。

2）建立人员信息报送渠道

各施工单位指定安全科室成员为连队联络员，汇总、统计人员信息，报分管领导和主要负责人核实审批，报监理单位；监理单位核对信息后，报项目建设单位分管领导和主要负责人审批后，作为最终上报的数据。

人员信息报送职责划分见表8-8，报送流程见图8-4。

人员信息报送职责划分   表8-8

岗 位	连队化分工	所属单位	信息报送职责
产业工人	室员	作业班组	将个人信息及安置需求报告寝室长，需外出安置的需另外提供审批表
寝室长	室长	作业班组	汇总本寝室内人员信息并及时上报给所在班班长
班组长	班长	作业班组	汇总本班组人员信息并及时上报给所在排排长
工区主任/工点负责人	排长	施工单位	核实汇总管辖范围内的班组人员信息并及时上报给所在连队的信息联络员

续上表

岗　　位	连队化分工	所属单位	信息报送职责
分部安全部门成员	分连队联络员	施工单位	收集汇总本连队所有排上报的人员信息并报分管领导和连长核实审批,审批确认后报总部联络员
分管领导	副连长	施工单位	确认本连队人员信息准确性
分部负责人	连长	施工单位	核实审批本连队人员信息
总部安全部门成员	直属连联络员	施工单位	收集汇总各分部人员信息并报分管领导和连长核实审批,审批确认后报项目公司及其他上级单位
总部分管领导	直属连副连长	施工单位	核实确认所有连队人员信息的准确性
总部负责人	直属连连长	施工单位	核实审批所有连队人员信息

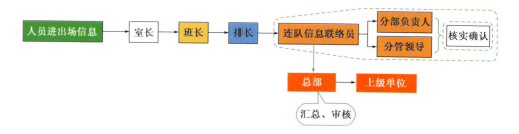

图 8-4　人员信息报送流程

8.5　安置点管理

8.5.1　值班队伍安排

1)队伍组成

值班队伍应按照"老中青"合理配置,包括抗台经验丰富的老员工、负责部署协调的中层管理人员、负责工作落实的青年员工。

2)安置点值班

根据安置点类型,设置责任人驻守值班,进行人员后勤保障、进出管理和各项工作的统筹协调。安置点内设置值班服务台,安置点管理责任人统一着装。安置点管理要求如下:

(1)安置点实行网格化管理,指定网格化管理责任人。

(2)项目领导要在安置点24小时值班。

(3)严禁人员随意外出,确有需要外出的,经审批后离场。

（4）每12小时对安置点人数进行清点，并将清点结果报监理单位，由监理单位报项目建设单位。

（5）安置点要保障饮用水、食品供应，配备急救药品、风扇等。

（6）做好治安管理，严禁吵架、斗殴。

（7）严禁在安置点使用电气设备烧水、做饭。

（8）做好用电管理，严禁私拉乱接。

（9）做好消防管理，严禁吸烟，确有需要的，要设立吸烟区。

（10）应急救援队伍、应急设备操作人员保持在岗状态，随时待命。

安置点值班人员配置见表8-9。安置点管理员着装示意见图8-5。

安置点值班人员配置　　　　　　　　　　　　　表8-9

安置点类型	值班领导	管理责任人	人数要求
项目部驻地	单位负责人	综合办部门成员	≥1
政府或其他单位集中安置点	分管安全领导	综合办、安全部门和其他各部门成员	≥3
宾馆或酒店	分管后勤领导	各部门成员	≥1

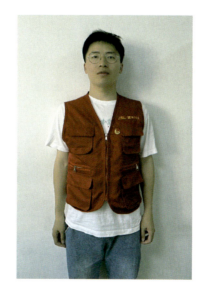

图8-5　安置点管理员着装示意

8.5.2　人员安置

（1）各单位根据人员信息统计，确定分级转移人员名单，开展安置点对接和转移规划，提前对安置点做好布局规划；对于低风险区域居住人员，根据建设单位或上级单位指令组织撤离。人员转移安置流程见图8-6。

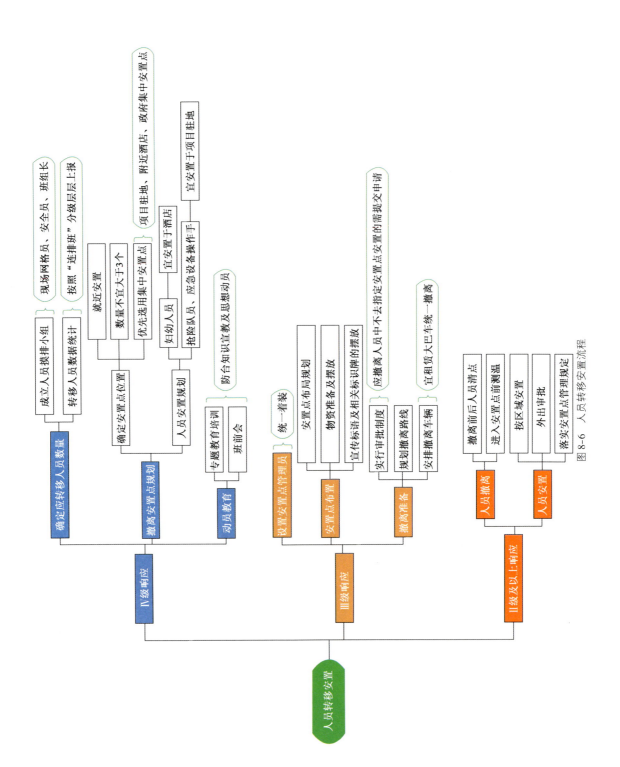

图 8-6 人员转移安置流程

（2）选择自行安置的人员，需进行书面请假，逐级上报至项目部，审批同意后方可外出。

（3）安置点人员应服从统一管理，禁止私自外出。人员有外出需要的，应进行外出审批，经安置点管理责任人确认同意后方可外出，并按时返回。

8.5.3 安置点规划

各施工单位安置点数量宜控制在3个以内，优先选用集中安置点，如项目部驻地、附近酒店、政府集中安置点等。应急队伍、主要设备操作、复工准备等工作人员的安置，应选择项目驻地或附近的宾馆或酒店。常态化安置点清单见表8-10。

常态化安置点清单　　表8-10

标　段	安置点位置	可安置人数	安置点联系人	联 系 方 式

8.5.4 安置点布局

非酒店类的集中安置点可参照图8-7、图8-8所示的功能区域进行布局，保障基本生活需求，改善安置条件。

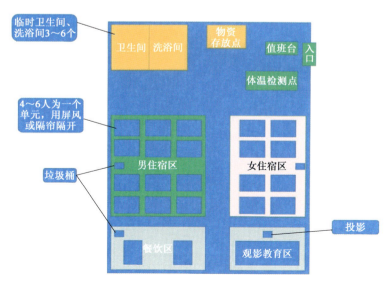

图8-7　安置点功能区示例

图 8-8　安置点功能区示例三维效果图

8.5.5　安置点物资

集中安置点建议配备物资见表 8-11。

集中安置点物资清单　　　　表 8-11

序号	类别	名　称	备　注
1	宣教类	宣传条幅	
2		宣传标语	安置纪律、疫情防控
3		便携式投影仪	
4		音响	
5	管理类	管理网络划分图	
6		分区标志	集中安置点设置
7		管理服务台	包括测温点
8	生活类	凉席	1 个/人
9		板凳	不少于 1 个/3 人
10		垃圾桶	
11		插线板	接线不宜过长，不得反复串接
12		吸烟区	确有必要的设置
13		食品	
14		饮用水、热水	
15		防疫物资	

8.6 灾后整顿

8.6.1 安置点人员撤离

1）组织要求

集中安置点接到撤离指令后,应进行人数清点,统一安排车辆撤回原住所。如有疫情管理规定的,则在人员上下车时落实测温、验码、查行程、戴口罩等疫情防控措施,后续根据要求开展核酸检测。

2）安置点清理

人员撤离后,要对撤离点进行清理、恢复和消毒,做到人走场清、恢复原状。

8.6.2 灾损整理修复

台风影响减小或解除应急响应后 24 小时内,各施工单位应组织施工现场排查,恢复工程受损设施。

8.6.3 灾损情况统计

台风应急响应结束后,对现场灾损情况进行统计,保留现场损毁影像资料,与保险公司联系估算受损金额,并在灾后 24 小时内上报灾情损失。对于受灾较为严重的部位应分析受损原因,制定改进举措。

8.7 复工复产

8.7.1 人员复工教育

复工前,各分部组织复工教育,对复工进行部署。

8.7.2 复工检查

复工送电前,应由班组提交送电审批单,由施工单位电工进行排查,安全负责人审批后送电。

复工前,各项目部应联合监理单位、建设单位代表对照表 8-12 开展全面排查。

复 工 检 查 表 表 8-12

项目名称			检查时间	
序号	复工检查项目	检查内容		
1	责任落实情况	项目总监、各监理人员到岗情况		
		项目经理、技术负责人、专职安全人员及施工作业人员到岗情况		
		建设、监理、施工单位组织复工检查情况		
		复工检查中的安全隐患整改闭合情况		
2	人员培训情况	作业人员复工前安全教育情况		
		作业人员应急救援和灾后防疫教育情况		
3	隐患排查情况	临时用电设施复工前检查情况		
		桥梁、隧道、高边坡、深基坑等结构支护安全隐患检查情况		
		工(料)棚、临时驻地等临时建筑检查情况		
		挂篮、模架、模板支撑、支架、脚手架、作业平台等支撑体系安全隐患检查情况		
		复工前是否对受限空间安全隐患进行检查		
		临边、临水、孔洞、通道等部位的安全防护设施是否牢固可靠		
		安全网、安全绳等安全防护措施检查情况		
		施工场地道路积水情况		
		生活场所消毒杀菌防疫工作开展情况		
4	设备检查情况	施工船舶安全检查情况		
		现场起重设备(包括塔式起重机、门式起重机、架桥机等)的安全装置检查情况		
		现场各类设备试吊、试运行情况		
		各类钢丝绳、吊具、索具检查情况		
	是否具备复工条件		□是	□否

施工单位负责人(签字): 监理单位负责人(签字):
建设单位负责人(签字):

8.7.3 复工审批

严格落实复工前的安全生产条件核查工作,按"符合一个、审批一个、开工一个"的原则,需经施工单位、监理单位和建设单位主要负责人签字确认,符合安全生产条件后方可复工。

8.8 信息报送

8.8.1 数据报送要求

(1)由专人负责信息管理,确保准时报送、定时更新。
(2)信息上报前,须经负责人或分管领导审核确认。
(3)上报的信息数据要及时提供必要的佐证资料。
(4)遇重大灾情,造成人员伤亡、工程实体严重受损时,施工单位应在1小时内逐级向建设单位和上级主管部门报告。

8.8.2 主要数据内容

防台期间需统计的信息数据根据不同阶段主要包括以下内容:转移安置情况、现场防台准备情况、防台投入情况、灾损统计数据、防御应对措施亮点等。

9 安全费用精细化管理要点

高速公路建设安全管理手册

安全生产费用的足额投入是安全生产工作顺利开展、顶层设计顺利落地的资金保障。明确科学的安全生产费用计量内容,建立安全生产投入长效机制,加强安全生产费用管理,鼓励参建单位足额投入安全生产费用,促进项目各项安全生产措施落实,维护项目参建人员安全利益。

9.1 管理要点

应强化安全费用投入和精细化管理。要建立健全安全专项经费管理机制,督促施工现场安全防护措施、安全教育培训、劳动防护用品、安全课题研究等安全费用投入;要加快淘汰落后技术、工艺和设备,完善高危高风险作业安全设施设备配备标准;要积极推广应用先进可靠的新工装、新设备,确保各类施工机械设备安全运行;要规范安全生产费用的使用管理,联合监理、审计单位定期组织实施安全费用专项检查,确保项目安全生产费用投入实处。

9.2 安全生产费用提取

(1)安全生产费用按照"规范计取、合理计划、确保需要、规范使用"的原则进行管理,应当实行专款专用,不得擅自侵占或者挪用。

(2)建设单位在编制工程招标文件时,应当按照国家和浙江省有关规定,充分考虑项目实际情况,依法合理确定项目所需的安全费用比例。

(3)建设单位对工程项目的安全防护、安全施工有特殊要求需提高安全费用比例的,应当在招标文件中予以明确,并在安全费用项目清单中增列相应项目及费用。

(4)建设单位对于不宜列入安全费用,但与安全生产有关的专项施工措施费,应考虑计入相应工程的综合单价或单列相关措施费用的报价项目。

(5)建设单位与施工单位签订施工合同时,应当在施工合同中明确安全生产费用的使用清单、数额、计量支付方式与时限、具体使用要求、调整方式等条款。

9.3 安全生产费用使用管理

(1)按照有关规定,安全生产费用应在以下范围内计取:

①完善、改造和维护安全防护设施设备支出(不含"三同时"要求初期投入的安全设施),包括施工现场临时用电系统、洞口或临边防护、高处作业或交叉作业防护、临时安全防护、边坡与滑坡支护及防治、工程有害气体监测和通风、保障安全的机械设备以及防火、防爆、防触电、防尘、防毒、防雷、防台风、防地质灾害等设施设备支出;

②应急救援技术装备、设施配置及维护保养支出,事故逃生和紧急避难设施设备的配置和应急救援队伍建设、应急预案制修订与应急演练支出;

③开展施工现场重大危险源检测、评估、监控支出,安全风险分级管控和事故隐患排查整改支出,工程项目安全生产信息化建设、运维和网络安全支出;

④安全生产检查、评估评价(不含新建、改建、扩建项目安全评价)、咨询和标准化建设支出;

⑤配备和更新现场作业人员安全防护用品支出;

⑥安全生产宣传、教育、培训和从业人员发现并报告事故隐患的奖励支出;

⑦安全生产适用的新技术、新标准、新工艺、新装备的推广应用支出;

⑧安全设施及特种设备检测检验、检定校准支出;

⑨安全生产责任保险支出;

⑩与安全生产直接相关的其他支出。

(2)安全生产费用优先用于满足安全生产监督管理部门对安全生产提出的整改措施或应达到安全生产标准所需列支。

9.4 安全生产费用计量管理

(1)安全生产费用应当据实列支,可以实行清单单价计量和总价包干计量相结合的方式。其中能够以具体单位数量进行计量的,应当采用清单单价计量,在合同约定的提取标准额度内据实列支。无法以具体单位数量进行计量的,可以采用总价包干计量。

(2)采用现场计量、按实支付方式形成的安全生产材料或者设施、设备,能够重复使用的,应当按摊销费用计量,具体摊销次数依据合同约定;合同未约定的,应当根据实际情况确定摊销次数或者扣除残值后计价支付。

(3)按实计量部分应附发票、清单、合同、领用记录、影像资料等凭证,凭证应能真实佐证费用投入情况,条款中未尽凭证内容按照实际需要提供。

(4)总承包单位依法将工程分包的,分包合同中应当明确分包工程安全生产费用以及支付条款,总承包单位应当按分包单位在工程现场实际发生的安全生产费用支付给分包单位并且监督使用。

(5)施工单位外聘专家授课和开展安全业务指导咨询、内部组织的应急演练、知识竞赛、安全技能竞赛等活动需提前报监理单位、项目建设单位同意;施工人员复工复产、日常安全教育培训(三级教育除外)的课时费,内部组织应急演练、知识竞赛等活动的费用,可纳入安全生产费用计列。

(6)聘请专业机构或专家开展的施工安全专项风险评估、咨询、论证服务费用,应急预案制修订、咨询等费用可以按照发票、合同金额进行计量。施工单位自行组织的安全评估、咨询费用可以按照次数进行包干计量。

(7)可以按照承办人数不同开展安全经验交流等活动的安全生产费用包干计量。

(8)安全生产目标考核费用不超过安全生产费用总额的5%,可以包含对班组作业标准化中优秀施工班组和施工人员的安全考核奖励、工人安全积分兑换费用等安全相关奖励费用。

(9)鼓励根据项目特点开展安全生产新技术、新标准、新工艺、新装备的研究和推广,开展研究、推广而产生的费用可以纳入安全生产费用。

(10)实际工程量超过合同约定的,安全生产费用在根据实际工程量以及费用提取标准确定的额度内据实列支。实际工程量少于合同约定的,安全生产费用的提取额度不变,据实列支;实际投入不足部分项目建设单位不予支付。

9.5 安全生产费用监督管理

(1)为确保安全生产费用按计划及时、足额提取,原则上要求施工单位安全生产费用与工程结算款一并计量提取。施工单位未按要求落实安全措施或投入不能满足安全标准化需要时,建设单位、监理单位可以责令暂停施工,并暂停支付工程款。发生的安全生产费用原则上3个月内必须上报计量,否则项目建设单位有权不予支付逾期未报费用。

(2)施工单位应根据施工计划、进展情况和安全标准化工作计划,制定科学合理的年度、月度安全生产费用投入计划,计划报监理单位审核同意后方可实施。施工单位应及时邀请监理单位对安全投入的相关内容进行现场验收核查,未经监理现场验收核查的,不得计量。监理单位应每季度对安全费用实际投入情况进行检查,发现实际投入与计划偏差较大时,施工单位应予以书面说明。

（3）施工单位安全投入所附发票抬头应与施工单位公章相对应，仅有施工单位抬头的发票必须在备注栏注明标段名称；由项目建设单位进行招标的专业分包单位安全费用，发票抬头可以采用专业分包单位名称。

（4）监理单位按规定对施工单位安全生产费用的使用情况进行核查，发现施工单位安全生产费用不足或者施工现场存在安全隐患需要加大安全生产费用投入的，应当提出要求并令其改正；施工单位拒不改正或整改落实不到位的，监理单位可以下发停工令，暂停工程款的计量流程，并有权安排其他单位对安全问题进行整改落实，相关费用直接在工程计量款中扣除。

（5）建设单位、监理单位和项目跟踪审计单位应不定期对施工单位的安全生产费用使用情况进行现场核查和资料核验，发现施工单位有虚开发票、虚构合同等套取安全费行为的，应取消该项计量，已计量的费用，在下一期计量中进行扣除；监理单位监管不严的，根据招标文件相关内容对其进行违约处罚。项目建设单位安全处应会同合同处、跟踪审计单位对安全费用资料进行审核。

10 数字化管理要点

高速公路建设安全管理手册

安全生产工作纷繁复杂,涉及人员、设备、环境、管理等方方面面,充分利用安全数字化最新成果,将安全生产各项工作数据化,实现实时分析、预警,是提升安全管理水平的重要手段。

10.1 管理要点

高速公路建设安全生产工作应紧跟时代潮流和科技发展,以问题为导向,以项目为依托,充分利用微信小程序、二维码、人工神经网络、人工智能、摄像头智能识别、传感器等科技成果,打通数据互联互通,打破"数据孤岛",全面推进高速公路建设全过程安全数字化建设,坚持不断迭代升级,提升安全管理智慧化能力。

10.2 安全数字化系统

(1)建设单位可以对人员信用管理、工点工厂化管理、特种设备管理、临租设备管理、改扩建项目边通车边施工、高边坡等部位监测、环境感知、三防工作等场景进行安全数字化开发,并将所有场景应用集成于统一平台,对数据进行实时统计、分析,并发出预警和警报,实现安全"数字化管理、可视化监管、指尖化生产"。

(2)系统应尽量选用成熟的解决方案,并具有不断迭代更新的能力,减少定制开发工作量,快速形成安全数字化管理能力。系统还应具有高度的开放性,可以兼容市场上主流的各类数据采集设备、监测设备及其他安全管理系统。

(3)系统应能最大程度减少数据手动输入,可以充分利用手机摄像头、NFC(近距离无线通信技术)等功能完成人脸、设备照片等基本信息输入。系统中应内置标准化表单,减少人为主观因素造成的数据差异;内置规范化台账表格,自动生成个人档案、设备"一机一档"、工点隐患整改治理等安全台账,减少安全工作量。

(4)系统应能实现数据互联互通和智能分析预警功能,每个安全数字化管理行为产生的数据能够自动对应相应的人员、班组、单位、设备、工点等内容,可以从时间、部位(工点)、人员、班组、单位、设备等各个维度对数据进行分类统计和分析,得出相应规律和安全状态,发出预警和警报,为下一步开展安全管理重点工作提供科学依据。

(5)安全数字化终端系统主要有个人计算机平台、手机应用程序、微信小程序等。终端系统应操作简单,管理人员到工人、年轻人到老年人都能较好地进行操作。针对工人的操作,优先选择微信小程序,去除不必要的操作和信息,只展示工人可以操作的功能和信息,让安全数字化管理覆盖到所有工人。

10.3 物联网设备

安全数字化管理除终端系统外,还应接入各种现场监测数据。如将现场视频监控画面输入智能视频识别服务器,实时分析画面安全风险行为,如安全帽穿戴情况、反光衣穿戴情况、人员聚集、抽烟、风险闯入等多种安全风险,通过现场语音播报进行警示提醒。对大型设备如门式起重机、架桥机等安全运行参数进行实时动态采集与监控,实时掌控各类大型设备的受力、倾斜、平衡等风险,一旦超标,第一时间向管理者发送动态预警信息。通过安装智能电力传感器,实时监测电流电压过载情况、高温及火灾情况,确保用电过程安全可靠。基于NB-IoT(窄带物联网)技术,通过监测终端远程实时监控临边防护栏安全状态,对防护栏位移、缺失等异常情况进行报警,帮助管理人员及时排查危险情况。引入无人机巡视,补齐部分人员无法到达区域的监控盲点。监控中心设置管理员,负责监控系统的日常维护保修,保证监控系统无异常运行。

10.3.1 门式起重机运行安全智能监控预警系统

门式起重机运行安全智能监控预警系统(图10-1)是基于视频图像识别技术对门式起重机运行的事故隐患进行智能识别,实现防风防倾覆预警、环境安全预警,实现门式起重机周边车辆、人员、设备、设施等目标与吊物之间安全作业距离监测预警,可通过现场报警或停机等措施避免事故的发生,有效降低门式起重机坍塌、起重伤害等事故发生的风险。

图 10-1 门式起重机运行安全智能监控预警系统

10.3.2　智能巡检机器人和 AI 视频监控系统

智能巡检机器人(图10-2)可以自动规划巡检路线,通过 AI 摄像头自动识别施工现场人员劳保用品穿戴情况、安全教育培训情况、部分违章行为、各部位温度等并发出警报,也可通过远程操控系统(切换手动遥控、现场喊话等),督促现场问题整改。该类设备将有效减少现场工人"三违"(违章指挥、违规作业、违反劳动纪律)行为,降低火灾风险,提高现场安全监管效率。

图 10-2　智能巡检机器人

10.3.3　预制构件吊装运输安全确认装置

采用限位开关、拉力传感器等设备对预制构件位置、钢丝绳张紧程度进行监测,确保预制构件不脱离限定位置,确保预制构件运输安全。

11 "六助力"管理要点

11.1 管理要点

根据项目管理难点及特点,适时引入工程综合、设备、气象、保险等安全咨询专业化服务机构,提升项目安全管控能力,提供专业化意见,不断提升项目风险防控能力。

11.2 综合安全顾问

为依法履职、切实尽责,弥补项目安全管理力量不足,提升安全管理专业化水平,引入交通建设安全专业服务单位,提供项目综合性安全生产顾问服务。主要服务内容如下:

(1)安全管理体系完善:审查、指导施工单位完善安全管理组织机构、制度体系、台账资料,协助对重大专项施工方案施工风险进行审核把关。

(2)施工现场安全检查:定期安排桥梁、隧道等专家进行现场安全检查、指导,查找、评估现场施工安全风险,出具安全检查报告,并提出改进措施建议。

(3)安全生产教育培训:根据需要定期安排专家名师参加"平安杭绍甬"安全管理大讲堂,对参建各方管理人员进行专题安全教育培训,讲解新要求,介绍好经验,协助进行安全管理团队的培养。

(4)应急管理体系完善:指导施工单位编制生产安全事故应急预案、建立应急救援队伍、开展应急预案演练等工作,完善应急体系,提高应急保障能力。

(5)专项安全活动开展:协助指导策划"安全生产月"、"质安文化进工地"、安全知识竞赛等专项活动。

(6)安全工作总结提炼:协助提炼项目安全管理工作经验,编制各类安全标准化指南、手册等。

(7)安全技术及管理创新:协助参建各方或以合作方式进行安全方面的课题攻关、论文发表、专利申请和成果引入等科技创新工作。

(8)争先创优工作:协助推进"平安工程"冠名,申报行业主管部门、行业协会各类奖项等。

11.3 设备安全顾问

项目设备种类多、数量多、流动性大,设备管理专业性较强,仅依靠参建方难以形成有效的管理,为弥补参建各方设备管理能力不足、完善设备安全管理程序、及时发现消除设备安全隐患、防范设备安全事故的发生,引入设备安全顾问提供专项服务。主要服务内容如下:

(1)完善设备管理体系:指导编制设备安全操作规程、日常维护保养规程、设备事故应急预案。

(2)设备入场把关:开展设备选型谋划、设备进场控制、设备安装拆除方案指导。

(3)设备检测验收:明确各类型设备检验要求,协助开展特种(专业)设备的法定检验或委托检验,确保检验有效性和时效性。

(4)设备安全检查:定期开展现场设备专项安全检查,指出检查中发现的安全隐患和存在的问题,提出设备安全管理对策和技术措施。

(5)设备安全管理培训:定期开展设备操作人员安全教育和专业知识培训,根据需要组织人员考核取证和证件复审;以"师带徒"方式提升设备管理人员发现问题、解决问题的能力。

(6)科研课题创新:合作开展关键设备吊装工艺、监测、控制技术等方面的课题研究,合作立项特种设备服务工作团体标准,协助申报行业协会各类奖项等。

11.4 工程保险顾问

充分发挥市场机制推动作用,在招标文件及保险合同谈判中,明确要求保险单位纳入安全管理范畴,引入保险单位参与安全管理,提升项目安全管理水平,实现相关各方互利共赢。主要服务内容如下:

(1)风险防控:保险服务单位派专家参与现场安全检查,指导施工单位对常见工程保险理赔问题进行预防预控。

(2)教育培训:开展专题讲座,根据项目需求通过保险公司邀请行业专家对参建单位人员进行安全教育培训。

(3)安全文化建设:保险公司在安全活动中为施工单位提供安全书籍、防暑用品等,并在班组考评活动中协助对"最美班组""最美工人"进行奖励。

11.5 管网防护顾问

项目沿线管网种类众多,不同种类管网对作业高度、作业距离、作业方式、作业防护等都有着不同要求,引入管网原单位技术专家对管网区施工进行技术指导,确保作业安全和管网运行安全。主要服务内容如下:

(1)管网区作业风险防控,指导专项施工方案编制,参与现场安全检查,降低施工过程中的各种风险。

(2)开展涉管网作业安全防范专题讲座,由顾问单位派人对作业人员进行安全教育培训,提高安全意识。

(3)强化联防联动;特殊事件情况下,开展应急处置救援指导,协助开展现场恢复工作。

11.6 交通组织顾问

项目路线与地方道路上下重叠布设,沿线村镇(厂区)众多、路网密布,穿(跨)越施工、封闭道路施工、大型设备转场、大型预制件运输等严重影响地方交通,引入地方交警开展交通组织指导,确保作业安全和地方道路有序通行。主要服务内容如下:

(1)指导编制交通组织方案,协助涉路施工作业报批,通过方案评审、路线规划指导、现场控制落实等措施,确保高效施工和有序通行。

(2)开展专题安全教育,由涉路施工地方交警指派专人讲解边通车边施工作业风险,强化作业风险控制。

(3)强化组织联动;短时道路封闭、交通拥堵等不利状况下,协助做好交通警戒、车辆引导,确保通行秩序。

11.7 电力安全顾问

项目与沿线高压网线交叉、并行多,紧邻高压线或线下施工存在极大风险,同时大型厂站、沿线工点用电设备多,特别是路线上的工点,普遍存在施工用电管理不规范现象。为加强涉电管理力量,有效消除用电隐患,引入电力系统顾问提供专项服务。主要服务内容如下:

（1）指导编制施工专项方案，明确相关作业、防护等技术要求，协助涉高压线施工作业报批。

（2）开展涉高压线施工作业专题教育、现场指导、隐患排查、应急处置等工作，强化风险管控。

（3）指导厂站、工点、宿舍等区域的临时用电规划，开展用电设备选型谋划、设备技术改造提升等工作，为项目临时用电管理提供技术咨询。

（4）开展临时用电安全教育和电工技能培训，以"师带徒"的方式提高安全管理人员发现隐患的能力，提升电工操作技能，向作业人员传授安全防护知识。

（5）协助开展临时用电及用电设备设施的专项检查，提出整改建议。